Family
Education

家庭教育原来如此

姚达秋 著

知识产权出版社
全国百佳图书出版单位

图书在版编目（CIP）数据

家庭教育原来如此 / 姚达秋著 . —北京：知识产权出版社，2019.4
ISBN 978-7-5130-6143-8

Ⅰ . ①家… Ⅱ . ①姚… Ⅲ . ①家庭教育 – 研究 Ⅳ . ① G78

中国版本图书馆 CIP 数据核字（2019）第 040730 号

内容提要

本书是作者结合自己多年从事学校德育工作的经验，在开展家校合作、指导家庭教育的基础上，针对家长在家庭教育认识与实践中存在的一系列问题而编写的家庭教育通俗读本，旨在帮助家长系统地认识家庭教育，能在家庭教育实践中找到适合自身及其家庭实际的家庭教育方式方法，能够科学、高效地开展家庭教育，助力孩子更健康、更全面地成长。本书共有十一章，涵盖了家庭教育的基本内容、基本原则、主要策略、常用方式方法等，语言通俗易懂，举例翔实具体，理论阐述严谨但不显晦涩。本书是中小学班主任、学生家长、家庭教育培训机构必备的参考用书。

责任编辑：李海波　　　　　　　　　　责任印制：刘译文

家庭教育原来如此
JIATING JIAOYU YUANLAI RUCI

姚达秋　著

出版发行：知识产权出版社有限责任公司	网　　址：http://www.ipph.cn
电　　话：010-82004826	http://www.laichushu.com
社　　址：北京市海淀区气象路 50 号院	邮　　编：100081
责编电话：010-82000860 转 8582	责编邮箱：lihaibo@cnipr.com
发行电话：010-82000860 转 8101	发行传真：010-82000893
印　　刷：北京建宏印刷有限公司	经　　销：各大网上书店、新华书店及相关专业书店
开　　本：720mm×1000mm　1/16	印　　张：9
版　　次：2019 年 4 月第 1 版	印　　次：2019 年 4 月第 1 次印刷
字　　数：126 千字	定　　价：42.00 元

ISBN 978-7-5130-6143-8

出版权专有　侵权必究
如有印装质量问题，本社负责调换。

自 序

笔者参加教育工作二十载，从事德育工作二十载，在这二十载说长不长、说短不短的教育时光中，时常会听到不少的家长有意无意地谈及家庭教育，也时常遇到"问题学生"。这些家长有的是不知道原来还有家庭教育，有的不知道家庭教育是怎么一回事；这些"问题学生"牵扯到的是家庭没有教育或家庭教育没有做好的问题。

无论哪种情况，都清楚地告诉我们：尽管教育部门一直重视家庭教育，要求加强对家庭教育的指导，但不能否认的是，我们的很多家庭（准确地说是家长）对什么是家庭教育真的了解不多，对如何更好地开展家庭教育更是谈不上。原因是多方面的，其中，我们的家庭缺乏一本比较系统、具体地阐述家庭教育的书籍是一个重要的原因。如果没有书籍作为指导，仅仅凭几次学校对家长的面授课程，或是建议家长多上网收集有关家庭教育的零散信息，恐怕是不能满足家长对家庭教育知识的渴望的。

于是，笔者便萌发了写一本关于家庭教育的书籍的念头，期望能给渴望实施良好家庭教育的家长提供一些基本参考。本书也许不是很全面、系统，但总算让家长能有所参照。说不定抛出砖头后，能引来美玉呢！

姚达秋

2018 年 11 月

目 录

第一章　家庭教育在教育中的地位与作用 1
　第一节　家庭教育及其特征 1
　第二节　家庭教育的地位与作用 6

第二章　家庭教育的目的与主要内容 13
　第一节　家庭教育的目的 13
　第二节　家庭教育的主要内容 16

第三章　家庭教育的基本原则 21
　第一节　目标性原则 21
　第二节　了解性原则 23
　第三节　计划性原则 25
　第四节　一致性原则 26
　第五节　相结合原则 29
　第六节　循序渐进原则 36

第四章 家庭教育的常见类型 ... 39
第一节 专制型的家庭教育 ... 39
第二节 放纵型（自由型）的家庭教育 ... 43
第三节 民主型的家庭教育 ... 48

第五章 家庭教育的主要方式 ... 53
第一节 有声式家庭教育 ... 53
第二节 无声式家庭教育 ... 57
第三节 混合式家庭教育 ... 58

第六章 家庭教育应该具有的基本心态 ... 61
第一节 愿意等的心态 ... 61
第二节 敢放手的心态 ... 62
第三节 容许错的心态 ... 64
第四节 不比较的心态 ... 65
第五节 勿跟风的心态 ... 67

第七章 知己知彼 ... 69
第一节 了解自己 ... 69
第二节 了解受教育者 ... 75

第八章 深思远虑 ... 79
第一节 家庭教育的规划及编制 ... 79
第二节 家庭教育的计划及制订 ... 83

第九章 建章定制 ... 87
第一节 家庭规则的制定 ... 87
第二节 家庭教育中的基本规则及其运用 ... 91

第十章　地利人和 97

 第一节　"地利"的积极作用及"地利"的获得 98

 第二节　"人和"的积极作用及"人和"的获得 102

第十一章　良策妙计 109

 第一节　潜移默化，润物无声 109

 第二节　晓之以理，动之以情 117

 第三节　躬行实践，耳濡目染 127

参考文献 133

第一章
家庭教育在教育中的地位与作用

第一节　家庭教育及其特征

一、什么是家庭教育

什么是家庭教育？家庭教育是相对于学校教育而言的，其作为一个概念，在学术界有众多的定义和界说。如《教育大辞典》对"家庭教育"是这样解释的："家庭成员之间的相互教育，通常多指父母或其他年长者对儿女辈进行的教育。"[①]《中国大百科全书·教育》对"家庭教育"是这样定义的："父母或其他年长者在家庭内自觉地、有意识地对子女进行的教育。"[②]

关于家庭教育的定义，虽然有众多的说法，但都有一个共同特点，就是"父母或者长辈对子女进行教育"。简单地说，家庭教育就是父母或长辈这些在家庭中处于支撑地位的成员对子女或晚辈进行的教育。而本书所说的"家庭教育"是指父母或者其他法定监护人对孩子的教育。

---

① 顾明远. 教育大辞典 [M]. 上海：上海教育出版社，1986.
② 《中国大百科全书》总编委会. 中国大百科全书·教育 [M]. 北京：中国大百科全书出版社，1985.

二、家庭教育的特征

家庭教育,作为一种教育形式,有着鲜明的特征,主要体现在以下几个方面。

(一)教育活动的开展通常是在家庭的范围内

我们知道,学校教育活动的开展主要是在学校这个特定的场所内进行。正如学校教育一样,家庭教育活动的开展主要是在家庭这个特定的范围内。如在礼貌教育方面,我们通常主要是在家庭里教育孩子的。一是称呼方面,主要教育孩子在亲戚朋友来访时要问好和"打招呼"或表示"欢迎光临"之类;在离开时要祝愿和表示"欢迎再次光临"等。二是在行为方面,主要教育孩子在亲戚朋友来访时给他们端"茶"送"吃",或者不要在大人聊天时吵闹,或者在吃饭时要文明用餐等。这些礼貌虽然在家庭之外也要教育,但更多的是在家庭内部已经多次进行,如每次临出门前的提醒与叮嘱或强调。

(二)家庭教育的实施者主要是父母

"父母是孩子的第一任老师。"家庭教育的实施者主要是父母或者是其中之一。大家耳熟能详的俗语"子不教,父之过"等就是有力的证明。

孩子自娘胎出来,特别是在孩子进入学校学习之前,接触最多的就是父母。例如,孩子的牙牙学语是在父母的教育下完成的,孩子的蹒跚学步是在父母的教育下开始的……也许有人会说,孩子接触最多的应该是保姆,这个说法不是没有道理,但把小孩的一切都交给保姆负责的毕竟是极少数,更多的时候是父母一有时间就带着小孩这里看看,那里走走,在这看看、走走中潜移默化地影响着孩子。

入学后的孩子,尽管开始或正在深受学校、社会(包括各种培训机构)的影响,但是有些家族或家庭的传统习俗、规矩、礼仪等常常是通过父母的教育来落实的。如关于亲戚朋友迎来送往的各种"礼数",很多父母都会在日常特别是重要节日来临前或正式或非正式地向孩子有所"传授",在与亲戚朋友交往中予以示范,让孩子在身边"观摩",以后可以"有样学样",并且"以前怎样做,以后就怎样做"。随着社会不断发展,父母不仅在传统礼仪礼节方面充当孩子的老师,而且在体育、美术、音乐等方面也充当孩子的老师。如喜欢篮球或者足球的父母特别是父亲,常常在孩子刚刚学会走路时就让其接触篮球或足球,提前培养兴趣;在孩子能够自由灵活跑动时就带其到运动场上教授各种技能。

(三)家庭教育的内容是多元且庞杂的

家庭教育要教育哪些内容?对于这个问题,不同的家庭应该会有不同的回答:有的家庭会说应该是习惯与性格方面,"性格决定命运""习惯形成性格""少成若天性,习惯成自然",司马光的《家范》、颜之推的《颜氏家训》、班昭的《女诫》就是这方面的代表;有的家庭会说是思想道德品质方面,"言必信,行必果""诚信是教育的根本""勤俭方能持家",妇孺皆知的出自《韩非子》的"曾子杀猪"的掌故就是这方面的典型;有的家庭会说是技能方面,"学好百艺好防身""多一门手艺,多一条路",现在各种艺术培训机构门庭若市,很多家庭的孩子周六周日忙碌奔波于各个培训机构就是对此很好的注释;有的家庭会说,习惯、性格、道德以及技能都需要,如香港"超人"李嘉诚,早年让儿子李泽楷到国外留学,学习技能,学成归来就到长实集团从底层做起,就是从技能到思想等多方面进行教育。

关于家庭教育的内容,这些说法哪个正确?大家都有理,都是正确的;这些说法哪个有误?大家都有误,都不够全面。基于这种情况,家庭教育的内容应该很难有一个全面规范的答案,只能这样说,家庭教育的内容是"多元且庞杂的"。哪怕某个权威机构经过反复研究、科学论证归纳出大家公认的家庭教育的"子丑寅卯",但是在实际实施上也很难完全满足各个家庭的需求,因为有的家庭在某方面是具备的，其他方面是有所缺失或是薄弱的，自然就会针对缺失或薄弱的地方努力加强。

（四）家庭教育的开展是随意性很强的

家庭教育"先教什么，后教什么，怎么教"等不像学校或者培训机构那样有科学的规划——"谁先谁后"，井然有序，一目了然；也不像学校或培训机构那样有科学的方法——"怎么教"的方式、方法不仅一应俱全，而且行之有效。家庭教育的开展通常是自然随意的，更多的时候是基于家庭（家族）传统或者基于家庭（家族）的主要法定监护人，即父母（负责人）的某种想法或要求等开展的。例如，南北朝时期的颜氏家族应该是按照颜之推的《颜氏家训》的有关要求和做法开展家庭教育的；清朝名臣曾国藩的家族应该是按照《曾国藩家书》里面述及的有关做法开展家庭教育的；现代著名儿童文学作家郑渊洁的家庭则强调发挥家长的榜样作用，整个大家庭的成年人都应该为晚辈做好榜样，郑渊洁在中央电视台《朗读者》栏目上说："我们家有个规定，任何人不能当着孩子面看手机。"现实中像颜之推、曾国藩、郑渊洁等那样有条不紊地开展家庭教育的毕竟是极少数，能够坚持到底的则是极少数中的极少数，大多数都是"即兴"的，具有很强的随意性。有的是因为翻到某本书介绍家庭教育是这样开展的，就"这样开展"；有的是因为听到某个广播节目介绍家庭教育是那样开展的，就"那样开展"；也有的是因为参加了某个家庭教育的讲座，参照其中的方法开展家庭教育；还有的在某个时候家庭教育侧重于这个方面，在某个时候却侧重于另一个方面，而且这种侧重常受父母的认识变化而产生相应的变化。

（五）家庭教育的方法是无法统一的

学校教育需要讲究方法，家庭教育也不例外。"教学有法，但教无定法"，这是学校教育中众所周知的认识，它是由教育的实际情况所决定的：教育对象不同,选择的教育方法就会不同;教育对象相同,教育实施者不同,选择的教育方法也就会不同;教育对象相同,教育实施者相同,实施的环境不同,选择的教育方法也就会不同。"时移世易,变法宜矣",教育的各种因素是相互联系的,一个因素改变,其他因素也会随之发生改变,只是改变的情况各有不同。在家庭教育方面也一样,如果处于家庭核心地位的父母的想法不一样,家庭教育所运用的方法就有可能不一样;父母的想法一样,但孩子的情况不尽相同,家庭教育所采取的方法可能也不尽相同。如主张"棍棒底下出孝子""严师出高徒"的父母很可能选择严厉的教育方法,认同"人能改变环境,环境也能影响人"的父母很可能选择潜移默化的教育方法,接纳"严爱结合"教育理念的父母有可能选择刚柔并济的教育方法。每个家庭需要孩子发展的方向不相同,每个家庭的孩子存在的不足不相同,这都会导致家庭教育所采取的教育方法不尽相同。

(六)家庭教育的主要实施者角色多样化

家庭教育的主要实施者当然是居于家庭核心地位的父母,以往父母就是父母,与孩子形成的是长幼关系,但随着社会的发展、观念的改变,父母除了是父母的角色外,还会逐渐形成不同的角色。有的父母为了更好地指导孩子健康成长或更好地监督孩子完成培训任务,让孩子参加某种培训,而他们其中之一也参加某种培训,形成一种"同学或陪练关系";有的父母为了更好地发挥他们的教育影响力,主动跟孩子"交朋友",形成一种"朋友关系";有的父母因为醉心于各种"新潮"的管理理念和模式,会清晰地界定他们与孩子之间是管理者与被管理者的关系;还有的父母本身就是在某个方面或某个领域中的资深人士或专业高手,而孩子恰恰是他们某一方的教育对象或孩子某方面的薄弱环节是父母所擅长的,这又形成了"师生关系"。

第二节 家庭教育的地位与作用

家庭教育与学校教育、社会教育都是教育体系的重要组成部分,在帮助孩子健康成长、促进社会发展方面具有十分重要的地位与作用。

一、家庭教育的地位

中国的家庭教育源远流长、历史悠久,家庭教育在我们国家历来得到高度的重视,具有较高的地位。"在中国古代,由于生产力水平比较低下,学校的范围及规模都比较小,家庭教育的地位尤为突出";"家庭教育受到古人的特别关注与重视,成为人们道德生活及社会精神文化教育的重要基地"[①]。对此,我们可以从那些流传至今、为人所称道的家庭教育故事,脍炙人口的家庭教育名言以及妇孺皆知的家训中看出端倪。如"孟母三迁""曾子杀猪""欧阳修教子"等故事能够流传千古,从某种程度上反映了历代都十分重视家庭教育,正因为重视家庭教育,这些感人的家庭教育故事才得以代代相传、经久不衰。又如"育善在家,发智在师"就清晰地告诉我们,家庭教育(家)和学校教育(师)各有分工,分别是"育善"与"发智",两者不能偏颇,足见家庭教育地位之重要。再如《曾文正公家书全集》是清末曾国藩教子的书信集,其中的书信充分显示了曾国藩虽然位列公卿、拜相封侯,但丝毫没有忽略家庭教育。正是十分注重家庭教育,曾氏子孙几乎人人成才,其中长子曾纪泽成为中国近代杰出的外交官,协助李鸿章建立北洋海军,次子曾纪鸿成为较有建树的教学家。

古代历来重视家庭教育,现代继续重视家庭教育并有很大的发展。古代重视家庭教育是从那些经久不衰、街知巷闻的家庭教育故事、家庭教育名言以及众多不同朝代的家训体现出来的,而现代重视家庭教育则更多的是从法律法规的陆续

---

① 刘立红. 中国古代家庭教育评析 [J]. 科技创新导报,2009(26).

出台、不断完善体现出来的。如1995年制定的《中华人民共和国教育法》第50条规定："未成年人的父母或者其他监护人应当配合学校及其他教育机构,对其未成年子女或者其他被监护人进行教育。学校、教师可以对学生家长提供家庭教育指导。"2012年修订的《中华人民共和国未成年人保护法》第12条规定："父母或者其他监护人应当学习家庭教育知识,正确履行监护职责,抚养教育未成年人。有关国家机关和社会组织应当为未成年人的父母或者其他监护人提供家庭教育指导。"

"家庭教育"出现在法律法规中,足见家庭教育在社会中的地位——不是像古代社会那样各个家庭根据自身需要而决定是否开展家庭教育,而是具有强制性——法律规定要求有家庭教育,并且能从不同的地方获得相应的指导。

家庭教育在现代社会中获得高度重视,具有较高的地位,不仅体现在国家的法律法规中,也体现在国家各个层面的政府文件中。如1993年中共中央、国务院颁布的《中国教育改革和发展纲要》中强调："全社会都要关心和保护青少年的健康成长,形成社会教育、家庭教育同学校教育密切结合的局面。"1999年中共中央、国务院《关于深化教育改革全面推进素质教育的决定》提出:实施素质教育"应当贯穿于学校教育、家庭教育和社会教育等各个方面"。2004年中共中央、国务院颁布《关于进一步加强和改进未成年人思想道德建设的若干意见》,专门在第五部分阐述"重视和发展家庭教育",提出"要把家庭教育与社会教育、学校教育紧密结合起来"。2010年中共中央、国务院印发的《国家中长期教育改革和发展规划纲要(2010—2020年)》在战略主题中提出："把德育渗透于教育教学的各个环节,贯穿于学校教育、家庭教育和社会教育的各方面。"这些政府层面颁布的文件强调家庭教育、学校教育、社会教育三者要紧密结合起来,可以说在某种程度上已经将家庭教育提高至与学校教育、社会教育同等重要的地位。

我国高度重视家庭教育，国外也高度重视家庭教育，同样把家庭教育放在十分重要的地位。如苏联伟大教育家苏霍姆林斯基说道："没有家庭教育的学校和没有学校教育的家庭教育都不可能完成培养人这一极其细致而复杂的任务。"家庭教育在教育人、培养人中的地位可见一斑。德国著名教育家福禄贝尔说过："国家的命运与其说是掌握在当权者手中，倒不如说是掌握在母亲手中。"福禄贝尔的观点间接说明家庭教育在培养人中居于十分重要的地位。

二、家庭教育的作用

关于家庭教育的作用，站在不同的角度，会有不同的说法，在这里，我们从孩子入学前与入学后这两个方面来说。

（一）孩子入学前的家庭教育的作用

1. 家庭教育对孩子而言是"打底色"，对孩子的健康发展有着深刻的影响

家庭是孩子生活的第一个教育场所，是在孩子进入学校（包括托儿所、幼儿园）接受学校教育之前的主要活动场所。孩子进入学校前的所见、所闻、所感大多在这个场所里面完成，可以说，孩子一切的发展变化都与这个家庭密不可分。按照孟子"人之初，性本善"的说法，每一个孩子从娘胎出来时都是纯洁无瑕的，一切都是那么"原生态"，没有直接受到外部环境的影响。人生活在一定的环境里，或多或少会受到环境的影响。于是，我们的孩子自诞生到这个家庭开始就会受到这个家庭的影响，家庭教育是其中对孩子有深刻影响的一环。家庭教育作为孩子首次接触的教育，无论好与坏，都会对孩子产生深刻的影响，成为孩子这张"洁白无瑕"的白纸上的首次"底色"。如果是好的"底色"，我们可以在这个"底色"的基础上继续"增色"，往描绘精美画卷的方向努力前行；如果是不好的"底色"，我们唯有想办法、用力气把这个不好的"底色"铲除、洗净，然后再重新打上好的"底色"。即便我们花费了力气、耗费了时间，也不见得一定能"去色成功"。如果孩子因为不正确的家庭教育而形成不正确的价值观、人生观以及行为习惯等,要改正过来是非常艰难的,即使能艰难改正,也不敢保证不会"死灰复燃"。所以,家庭教育很关键,对于孩子来说是第一次"上色",这些"色"就是孩子从呱呱坠地后,踏进家庭,睁开眼睛首次看世界,张开耳朵首次听世界所得到的各种外界信息:父母以及其他家庭成员的思想、言论、行动乃至家庭的氛围。这些"色"一经与孩子接触,就自然地在孩子身上留下痕迹,成为难以磨灭的印记,甚至终生难忘。因此,家庭教育对于孩子来说就起到"打底色"、定基调的重要作用。

2.家庭教育对学校教育而言是"双刃剑",对学校教育的顺利开展有着重要影响

对学校教育而言,孩子进入学校之前如果是白纸一张,既无图案,也无颜色,这样"洁白无瑕"的孩子更容易按照学校教育的要求去发展,学校无论进行思想熏陶还是习惯培养,都不会有任何的干扰——事先先入为主的思想、习惯等干扰。但正如前面所说,这是不可能的,孩子从降临到人间的那一刹那开始,已经接受教育,有的是无意的、非正式的;有的是有意的、正式的。不管有意、无意还是正式、非正式的教育,只要是教育,就对孩子有所影响,孩子就不是白纸,而是画满线条或图案的"彩纸"。如果纸上的线条或者图案都不是你所需要的,却让你在不能清除那些线条或图案的前提下在原纸上继续画画,你说容易吗?当然不容易。所以,入学前的家庭教育对于学校教育而言,有利也有弊。利者,如果进入学校之前的家庭教育的方向、内容、方式、方法等都与学校教育的要求比较接近甚至相同,这样的家庭教育对学校教育当然是有利的,家庭教育已经打下一定的基础,学校教育不必花很大力气就可以开展。弊者,如果进入学校之前的家庭教育的方向、内容、方式、方法等与学校教育的要求相去甚远,甚至"背道而驰",这样的家庭教育对学校教育当然是有害的。如果以这些与学校教育"南辕北辙"

的家庭教育为基础，那么学校教育这座大厦可能会有倾斜甚至坍塌的危险；如果不以这些与学校教育"迥乎不同"的家庭教育为基础，那么学校教育唯有先把这些不合要求的基础矫正过来或者干脆全部清除，"另起炉灶"。可见，孩子入学前的家庭教育有利有弊，无论是利还是弊，都对学校教育有着重要的影响。

（二）孩子入学后的家庭教育的作用

1. 家庭教育对孩子而言是终身接受的教育，对孩子的成长有着深刻的影响

孩子进入学校后开始接受学校教育，家庭教育并没有退出教育孩子的行列；相反，它还在教育孩子这个舞台上进行着它的"表演"，只是由"舞台"正中挪到"舞台"的边沿甚至退居到"幕后"。因为尽管孩子进入学校接受学校教育，但还是有相当多的时间停留在家庭里。以小学教育为例，除去每周一至周五白天上课的时间外，每天放学以后（傍晚与夜晚）和周六周日以及寒暑假孩子都是回到家庭里。在这些时间里，孩子与其父母以及其他成员同处一室，交往频繁，互动密切。有的家庭有着计划性很强的家庭教育，孩子回到家里是暂停接受学校教育，重新按照家庭计划接受家庭教育；有的家庭虽然没有计划性很强的家庭教育，但大多数家庭都有父母在与孩子相处的时候会或多或少地就社会热点问题、新近发生的重大事件等进行讨论的习惯，孩子回到家里是暂停学校教育，重新回到零星地接受家庭教育的阶段。无论哪种情况，孩子都是继续接受家庭教育，都是在接受家庭内部的正式与非正式、有计划与无计划的各种教育。

2. 家庭教育对学校教育而言是教育路上的"同路人"，对学校教育的开展有着重要的影响

如前所述，家庭教育并没有因为孩子进入学校开始接受学校教育而停止，而是一直与学校教育并驾齐驱，成为教育路上一起行走的"同路人"。那么，这个教育"同路人"对学校教育有着怎样的作用呢？如果家庭教育的理念、目标以及

方式、方法等与学校教育的这方面要求比较接近，甚至一致，那么这样的家庭教育对学校教育来说就是"助推器"或者"润滑剂"，对学校教育的顺利开展起到促进作用，让孩子更好地茁壮成长、健康发展。如果家庭教育的理念、目标以及方式、方法等与学校教育的这方面要求相去甚远，乃至相反，那么这样的家庭教育对学校教育来说就是"干扰器"或者"障碍物"，对学校教育的顺利开展起到阻碍作用，不能让孩子更好地茁壮成长、健康发展。

第二章
家庭教育的目的与主要内容

家庭教育在孩子的成长、发展中有着如此重要的地位与作用,对学校教育有着如此重要的影响,那么,该如何正确地开展家庭教育呢?要正确地开展家庭教育,首先要清楚家庭教育的目的,了解家庭教育的主要内容。

第一节 家庭教育的目的

教育是有目的的,家庭教育作为教育中的一种,也是有目的的。家庭教育目的之问题就是家庭教育让孩子成为怎样的人的问题。"家庭教育的目的就是通过家庭教育活动和家庭教育的全过程要把受教育者培养成什么样的人。"[1] 家庭教育的目的即"要把受教育者培养成什么样的人"涉及谁的目的的问题:家长的、学校的,还是政府的?"要把受教育者培养成什么样的人",家庭教育的实施者不同,结果就会有所不同;"要把受教育者培养成什么样的人",影响的因素很多,有家长(家庭)的因素,有学校的因素,还有社会的因素。"要把受教育者培养成什么样的人",就家长而言,相信每个家长都希望受教育者即自己的孩子出类拔萃,成为受人尊重、得到重用的人才。就家庭所处的时代、所在的社会而

---

[1] 缪建东. 家庭教育学 [M]. 北京:高等教育出版社,2009.

言，相信学校、社会都希望家庭教育能够与学校教育、社会教育方向一致、目的相同，齐心协力使受教育者成为符合社会发展需要、满足国家建设需求，能够予以重用的优秀人才。家庭是构成社会的最小单位，与社会有着紧密的联系，深受社会的影响，家庭教育是教育的重要组成部分，也与社会有着深厚的联系，所以家庭教育的目的也自然深受社会的影响。家长和学校、政府对于家庭教育的目的有相同的地方：把受教育者培养成身心健康、思想积极、道德高尚、习惯优秀、才艺出众的符合社会需要的人才，简单地说就是成龙与成凤，后辈胜前辈。这些相同的目的，我们可以在现实生活中很容易找到有力的证据。

搜狐网在2017年9月刊登了马云的一篇题目为《未来我最担心的是孩子的教育！》的演讲，其中说到"成功家庭教育的衡量标准"时引用了21世纪教育研究院院长杨东平列举的三大标：第一，在儿童期，教孩子与书为伴，养成良好的阅读习惯。第二，培养孩子的情商，而不是更多强调智商。家长要提炼并关注孩子的情商，使他成为一个大气、包容、有爱心的人。第三，孩子到高中阶段形成明确的个人爱好，有主动学习的方向。孩子有了兴趣作为引导，学习也变成一件水到渠成的事。

搜狐网在2018年1月曾经刊登过一篇题目为《李嘉诚家庭教育曝光，果然犀利，无人不服！》的文章，里面提到香港"超人"李嘉诚先生的家庭教育见解："对子女的教育，百分之九十九应该教他们做人的道理，即便是他们成人后，也应该是三分之二教他们如何做人，三分之一才是教他们如何做生意。……工商管理方面要学西方的科学管理知识，但在个人为人处世方面，则要学中国古代的哲学思想。不断修身养性，以谦虚的态度为人处世，以勤劳、忍耐和永恒的意志作为进取人生的战略。"

搜狐网在2018年2月刊登了题为《从〈傅雷家书〉看傅雷先生的家庭教育观》的文章，里面引用傅雷先生关于家庭教育的观点：傅雷先生认为，这同样不能局限于小家庭，而应涉及"更积极更阔大的天地和理想"，明确地意识到家庭教育旨在"鼓励孩子培养自己以便对社会对人类有所贡献"。简言之，傅雷主张，家庭教育应当为国家的发展、人类的进步培育人才。傅雷给其子傅聪的临别赠言是四句话："第一，做人；第二，做艺术家；第三，做音乐家；最后，做钢琴家。"

《中华人民共和国教育法》第5条规定："教育必须为社会主义现代化建设服务、为人民服务，必须与生产劳动和社会实践相结合，培养德、智、体、美等方面全面发展的社会主义建设者和接班人。"

《中华人民共和国义务教育法》第3条规定："义务教育必须贯彻国家的教育方针，实施素质教育，提高教育质量，使适龄儿童、少年在品德、智力、体质等方面全面发展，为培养有理想、有道德、有文化、有纪律的社会主义建设者和接班人奠定基础。"

《国家中长期教育改革和发展规划纲要（2010—2020年）》第一部分第一章规定："全面贯彻党的教育方针，坚持教育为社会主义现代化建设服务，为人民服务，与生产劳动和社会实践相结合，培养德智体美全面发展的社会主义建设者和接班人。"

将前面选自搜狐网的三个关于家庭教育的案例与《中华人民共和国教育法》《中华人民共和国义务教育法》《国家中长期教育改革和发展规划纲要（2010—2020年）》进行对照，我们发现它们对教育的目的的规定是如此高度一致："使他成为一个大气、包容、有爱心的人""教他们做人……教他们如何做人""不断修身养性，以谦虚的态度为人处世，以勤劳、忍耐和永恒的意志作为进取人生的战略"，这些内容不是与"培养德、智、体、美等方面全面发展""使适龄儿童、少年在品德、智力、体质等方面全面发展"中的"品德"相对应吗？虽然表述不一样，但实质是一样的，都是思想品德方面的要求。

第二节 家庭教育的主要内容

家庭教育虽然作为教育的组成部分，与学校教育、社会教育共同构成一个体系，但不像学校一样对教育的内容有着清晰明确的规定。如幼儿园阶段有它规定的教育内容，小学阶段有其明确的教育内容，中学阶段则分初中与高中阶段，也有与之相对应的教育内容。学校教育内容的明确通常是通过对应的课程标准以及《中小学德育工作指南》等呈现，如教育部印发的《中小学德育工作指南》明确将"理想信念、社会主义核心价值观、中华优秀传统文化、生态文明、心理健康"作为中小学学校教育（德育）的内容。而家庭教育由于其自身特点，如相对学校而言有着自己的特殊性，每个家庭的家长情况不同、家庭条件不同、接受教育的对象不同等，很难像学校教育甚至社会教育那样对教育内容有统一的规定。按照这个说法，家庭教育是不是可以随意地安排其教育内容，或者说根本没有教育内容？当然不是。家庭教育有着自身的特殊性，对它的教育内容的明确性没有丝毫影响，因为虽然各个家庭情况（家长素质、家庭环境、家庭传统等）不相同，但家庭的愿望（望子成龙、望女成凤）是比较接近甚至相同的；家庭是深受社会影响的，家庭教育的主要内容不可能远离其所在的社会，与所处的时代丝毫不沾边。"异中求同""求同存异"，家庭教育的基本内容是可以明确的。

"在传承中发展，在发展中传承。"家庭教育的主要内容，我们一方面可以从历代家庭教育史料中去挖掘，作为家庭教育所特有的一种文献形式的家训就是很好的参考，如魏晋时期颜之推的《颜氏家训》、宋代袁采的《袁氏世范》、陆游的《放翁家训》、明清之际朱用纯的《朱子治家格言》等；那些世代相传、家喻户晓的家教掌故、家教逸事则是有益的补充，如"孟母三迁""岳母刺字""燕山教子""孔母教子""画荻教子"等。另一方面可以从国家已经陆续出台的与家庭教育密切相关的各种通知、规定、指南、纲要中整理，如《全国家庭教育指导大纲》《上海市0—18岁家庭教育指导内容大纲（试行）》等；从现代那些大家颇为关注、耳熟能详的名人家教逸事或关于家教的言论中收集，如梁启超教子、李嘉诚教子、马云说家庭教育等。对照古代的家训（包括家书、家规、训诫）、家教故事，现代与家庭教育有关的系列指南、纲要以及名人家教故事与言论，我们发现，家庭教育的主要内容体现在以下几个方面。

一、思想道德

我国古代社会是十分注重伦理的社会，伦理的教化、道德的提升主要在家庭中完成。帝王家庭以及整个统治阶级都把道德教育作为家庭教育的重点，据历史记载，周朝初期就有"敬德保民"的家庭教育思想，春秋战国时期则把德教作为治国的首要任务，"亚圣"孟子推崇家庭教育要注重人格教育，妇孺皆知的《三字经》《增广贤文》中，就有大量关于思想道德方面的要求。这些思想道德要求中的绝大多数都跟《中华人民共和国教育法》《中华人民共和国义务教育法》《国家中长期教育改革和发展规划纲要（2010—2020年）》《全国家庭教育指导大纲》《上海市0—18岁家庭教育指导内容大纲（试行）》中提到的"德""社会主义核心价值观"的精神相吻合。归纳起来，主要体现在爱国、诚信、感恩、仁义、友善（和谐、睦邻）、关爱（尊老爱幼、扶贫救弱）、谦逊（温良恭让）、理想（齐家、治国、平天下）等方面。

二、行为习惯

我国是礼仪之邦，历来崇尚礼仪，素来强调规矩和注重礼节。"无规矩不成方圆""国有国法，家有家规"和"道之以德，齐之以礼"（《论语·为政》）、"不知礼，无以立"（《论语·尧曰》）、"凡人之所以为人者，礼义也"（《礼记·冠义》）等与"规矩""礼"有关的名言就是很好的例证。而"规矩""礼"

说到底还是一种习惯，"规矩""礼"定出来后，大家都要遵守，每天都以这些"规矩""礼"来规范自己，久而久之就成为习惯了。

而在今天，我们无时无刻不在强调要守"规矩"，讲"礼仪"，有"礼貌"，要养成守规矩、讲礼仪、有礼貌等良好习惯。如《中学生日常行为规范》《中学生守则》都有习惯养成以及强调礼仪、礼貌等要求，包括卫生习惯、生活习惯文明健康、礼貌待人、注重礼节等。《全国家庭教育指导大纲》对不同阶段的家庭教育都提出了行为习惯养成的要求，如4~6岁阶段要培养儿童的良好生活与卫生习惯；7~12岁养成生活自理的习惯、适度花费的习惯、良好的学习习惯；13~15岁重视学习习惯养成。对照古代家庭教育的有关文献与今天家庭教育的有关守则、规范、纲要，我们发现培养卫生、学习、交往、健康生活、运动等方面的良好习惯是家庭教育的一项主要内容。

三、安全防护

"安全重于泰山""没有安全就没有一切"。社会不断发展，生活不断改善，但各种安全隐患也越来越多，各种安全事故频繁发生，给家庭带来很多的伤痛、给社会带来很多的负担，安全问题已经成为影响家庭幸福、社会稳定的重要问题。随着人们对安全重视程度的增加，安全问题比以往任何时候都更加让人关注，已经成为各项工作之首，"安全第一"成为一种共识，各种有关安全的法律法规也不断制定与完善，为人们的安全生活、工作、学习带来更多的保障，同时"安全教育"作为一项重要课题随之出现，各行各业都有与之对应的安全教育和安全专项检查。对孩子的安全教育，学校是主要的承担者，因为这是学校的职责，《中小学幼儿园安全管理办法》《中小学公共安全教育指导纲要》明确指出学校应当对学生进行安全教育。家庭作为孩子的主要生活场所，父母作为孩子的法定监护人，承担安全教育也是家庭的应尽职责。《中小学幼儿园安全管理办法》第46

条指出:"学生监护人应当与学校互相配合,在日常生活中加强对被监护人的各项安全教育。"家庭教育的安全教育内容主要包括用电、用水、防火、防盗、防骗、人身、卫生、运动等方面的安全教育。

四、人际交往

人是群居生活的,任何一个人都不是孤立的,没有一个人能脱离社会、断绝与他人的联系而独立存在。换句话说,人是必须与他人有联系、有交往的。人与人之间应该有联系,应该有交往,但不是每个人与生俱来就善于与人联系、与人交往,否则就不会出现人际交往障碍、人际关系处理困难等问题,《全国家庭教育指导大纲》就不会在"家庭教育指导内容要点"里明确指出"培养儿童良好的人际交往能力"(4~6岁阶段),"引导儿童与异性正确交往""引导儿童积极开展社交活动和正常的异性交往"(16~18岁阶段)。家庭教育中的人际交往教育通常包括人际交往的重要性与必要性、基本原则、基本礼仪、常用技巧、注意事项等。

五、心理健康

20世纪70年代,联合国世界卫生组织指出:"健康不但是没有身体缺陷和疾病,还有完整的生理、心理状态和社会适应能力。"换言之,健康是指身心健康。社会在发展,经济在增长,生活在改善,健康水平也在提升。《广州日报》2018年4月刊发的《广东省社会科学院发布"2017年广东现代化进程报告"》指出:广东人均预期寿命达标率较高,珠海人最为长寿,达82.5岁;其次是广州,为81.34岁。但是生活水平的提升,寿命延长的同时,心理健康问题也在增加。中国科学院心理研究所在2008年4月公布了"2007我国国民心理健康状况研究报告",指出12~18岁青少年健康指数随年龄增长呈下降趋势,青少年心理健康不容忽视。"腾讯健康"2017年5月发布的"中国儿童青少年健康状况社会深度调查报告"指出，青少年心理行为发育异常占比为22.65%~45.58%。上海市精神卫生中心的调查发现，27%的中学生存在心理障碍或患有心理疾病。据一项对全国3000多名大中学生的调查，43.73%的学生做事情容易紧张，55.92%的学生对一些小事情过分担忧，47.41%的学生感觉人与人之间关系太冷漠，67.26%的学生在心情不畅时找不到朋友倾诉，48.63%的学生对考试过分紧张，感到有些吃不消（转自人民网《当前家庭教育存在的问题》）。有关家庭教育的心理健康教育，教育部《关于加强中小学心理健康教育的若干意见》是这样要求的："建立学校和家庭心理健康教育沟通的渠道，优化家庭教育环境。引导和帮助学生家长树立正确的教育观，以良好的行为、正确的方式去影响和教育子女。"家庭教育更多的是用家长或家庭的行为以及家庭氛围去帮助学生培养良好的健康心理。

第三章
家庭教育的基本原则

如果说家庭教育的目的与内容解决了家庭教育"为什么"与"干什么"的问题，那么家庭教育的基本原则就是解决家庭教育要"遵循什么"的问题，是确保家庭教育能够始终沿着既定的方向和能够围绕"干什么"的问题的客观需要。

第一节 目标性原则

所谓目标性原则，就是指在家庭教育中，家庭教育的实施者（父母）根据家庭教育的目的，结合家庭的实际情况（家庭环境、家庭成员情况、受教育者情况等）制定合适的家庭教育目标并以此目标作为家庭教育行动导向的工作原则。

家庭教育的目标性原则是家庭教育的首要原则，它首先要求家庭教育必须像学校教育、社会教育一样有自己的教育目标。因为目标对任何工作，包括人在内有着举足轻重的作用。我们可以看看下面关于目标的名言警句：

（1）无目标的努力，有如在黑暗中远征。（英国谚语）

（2）赢得好射手美名并非由于他的弓箭，而是由于他的目标。（莉莱）

（3）没有目标，哪来的劲头？（车尔尼雪夫斯基）

（4）伟大的精力只是为了伟大的目标而产生的。（斯大林）

（5）灵魂如果没有确定的好目标，它就会丧失自己。（蒙田）

（6）有了长远的目标，才不会因为暂时的挫折而沮丧。（查尔斯·C.诺布尔）

（7）崇高的目标造就崇高的品格，伟大的志向造就伟大的心灵。（泰龙·爱德华兹）

（8）所有成功人士都有目标，如果一个人不知道他想去哪里，不知道他想成为什么样的人，想做什么样的事，他就不会成功。（诺曼·文森特·皮尔）

（9）目标会丧失，力量也会化为乌有。（歌德）

（10）为时代的伟大的目标服务，才是不朽的。（苏联谚语）

这些名言警句告诉我们：目标能指明前进的方向，能让人产生强烈的积极性，能让人发挥潜在的力量，是走向成功的重要基石。

目标根据其在工作中的"体量"与"位置"，一般可以分为大目标与小目标、远期目标与近期目标、整体目标与阶段性目标。大目标、远期目标、整体目标是对于整个项目而言的，如在家庭教育中，把受教育者最终培养成一个怎样的人就是大目标、远期目标、整体目标；小目标、近期目标、阶段性目标是对于项目的某个时间、某个阶段、某个方面而言的，如在进入学校之前要培养受教育者主动协助父母做力所能及的家务、具有较强的独立思考能力、具有独立完成自己应该完成的事情的习惯等就是小目标、近期目标、阶段性目标。

家庭教育的目标性原则要求家庭教育必须制定自己的教育目标，包括大目标和小目标、远期目标和近期目标、整体目标与阶段性目标，确保家庭教育有一个明确的方向，并以此目标引领家庭成员共同努力；必须制定在大目标、远期目标、整体目标统领下的小目标、近期目标、阶段性目标，确保家庭教育在某个时间、某个阶段、某个方面有一个主要努力方向，为最终达成大目标、远期目标、整体目标增强信心、强化欲望、积累方法。

第二节 了解性原则

了解性原则就是指在家庭教育中,家庭教育的实施者(父母)必须对家庭教育及与之密切相关的各种因素(家庭教育的背景、意义、要求、方式、方法以及法律法规等)和受教育者的基本情况等都有比较深入的认识的工作原则。家庭教育的了解性原则是提高家庭教育工作准确性的重要保障原则。

家庭教育要有成效,家庭教育的实施者(父母)是关键因素,他们对家庭教育及家庭教育的受教育者的了解情况会对家庭教育工作的针对性产生深刻的影响。

首先,家庭教育实施者要对家庭教育的意义与作用有深刻的认识,对家庭教育这项工作高度认可,认为家庭教育对受教育者(孩子)的健康成长、全面发展有非常重要的意义和作用。只有这样,家庭教育的实施者才会将家庭教育放在一个重要的地位并高度重视,才会积极主动去开展家庭教育的一系列工作,包括在受教育者进入学校之前有计划地开展家庭教育、在受教育者进入学校之后与学校一起继续开展已经进行的家庭教育、协助学校落实有关的家庭教育等。相反,如果家庭教育实施者认识不到甚至不认可家庭教育的意义与作用,很可能就不重视家庭教育,与家庭教育有关的一切工作都很难从他们那里获得应有的支持与配合,更不要指望他们会自觉主动地开展家庭教育。譬如你不认可学生看课外书很重要,对其个人成长和学习成绩提升有很大的作用,你就不会重视孩子的课外阅读,也不会积极主动去配合学校开展家庭的课外阅读。

其次,家庭教育实施者要深入了解家庭教育的基本概况(家庭其他成员对家庭教育的基本态度、家庭教育的基本规律、基本原则、基本方法、基本内容、常见误区等)。只有这样,家庭教育实施者在开展家庭教育时才能够"有章可循、有法可依",确保家庭教育的开展不走样、不变形,为家庭教育的有效开展提供形式上的保障。比如一个人想在家养宠物狗，当然要了解家庭其他成员对养宠物狗的基本态度、小区对家庭养宠物狗的有关要求、家庭对宠物狗的日常要求（包括喂养、卫生、遛狗、防疫）等。否则，会带来很多意料之外的麻烦甚至事故：如果其他家庭成员都不喜欢家庭养狗，就可能由养狗引发各种不愉快；如果不清楚养宠物狗有那么多琐事，就可能由此而产生一系列烦恼，如不及时清理狗便带来的臭气熏天，每天多次遛狗增加自己的工作量，狗要经常打理而增加经济负担等。

最后，家庭教育实施者要深入了解自己与受教育者的基本情况。"人贵有自知之明""知己知彼，百战不殆"。为人与作战需要了解自己、了解对手，家庭教育也一样。家庭教育实施者如果对自己有清楚的认识，知道自己的优点在哪，缺点在哪，知道自己的强项在哪，弱项在哪，那么在家庭教育工作中就可以发扬优点，避开缺点，就可以巩固强项，提升弱项，从而提高自己的家庭教育工作能力。例如，你知道自己的弱点是口头表达不好、很难放低身段（脸皮薄）、不容易控制情绪，但书面表达很好，那么在家庭教育中与受教育者的交流可以采用书面（书信、留言条、微信、短信）的形式，这样就可以避免口头表达不好、不容易控制情绪等带来的尴尬。家庭教育实施者如果对受教育者有清楚的了解，清楚其优势在哪，劣势在哪；清楚其喜好在哪，厌恶在哪，那么在家庭教育工作中就可以"有的放矢""对症下药"，从而提高家庭教育的针对性和有效性。例如，家庭教育的受教育者如果时间观念比较强，动作比较迅速，但容易丢三落四，那么就没有必要在时间管理的问题上花精力了，而应该在改变"丢三落四"方面多想办法、多下功夫。

另外，家庭教育的实施者还需要密切留意家庭教育的发展趋势，及时了解家庭教育前沿的新思想、新理念、新理论、新方法，深入系统地掌握家庭教育的最新动态、最新策略与技能；积极主动地加强与学校的联系沟通，全方位、全心、全意、全力与学校一起做好家庭教育的各项工作，努力提升家庭教育的工作成效，帮助家庭教育的受教育者更好地成长。

第三节　计划性原则

《礼记·中庸》有这样一句名言："凡事预则立，不预则废。言前定则不跲，事前定则不困，行前定则不疚，道前定则不穷。"其中的"凡事预则立，不预则废"几乎家喻户晓，大概的意思是无论做什么事，事先有计划或准备，就能获得成功，不然就会失败。教育作为一件关乎民族前途、国家命运、家庭利益、个人前途的大事，当然要有计划、有准备。教育部作为国家教育事业的主管部门（即教育实施者）有其计划，如《国家中长期教育改革和发展规划纲要（2010—2020年）》；教育厅作为省级教育事业的主管部门也有其计划；教育局作为市县教育事业的主管部门亦有其计划；校长作为学校教育事业的主管责任人，当然有其计划，如"校长五年工作规划"或"学校五年规划"。这些纲要、规划是大的计划，一般都是对某个较长时期的宏观规划；还有小的计划，通常是以年度工作计划或者学期工作计划的形式出现。正因为有这些纲要、规划、计划，大的教育如我们的国家教育事业、省市的教育事业才能有条不紊地开展并且成绩斐然；小的教育如我们的区县教育事业、学校教育事业才能有条有理地推进并且效果明显。家庭教育也是教育，虽然不像国家教育（主要是学校教育）、社会教育那样规模宏大、体量巨大，但也不能小视，如果家庭教育缺失或者做得不好，小的方面会给这个家庭受教育者的健康成长带来负面影响，会给这个家庭的和谐乃至幸福带来不良的困扰；大的方面则会给社会、国家乃至民族的和谐、稳定、强大带来干扰。按照"凡事预则立，不预则废"的意思和精神，家庭教育要想取得成功，必须要有计划，换句话说，就是家庭教育也要遵循计划性原则，确保家庭教育的各项工作都有科学、周密的计划，各项工作都能"依计行事"，一切都是计划内的、预料中的事情，最好没有计划外、意料外的事情发生。

家庭教育的对象是孩子，是随时随地都处在变化之中的"极度不稳定体"——他们的思想还没有定型，他们的情绪不容易稳定，他们的抗干扰能力不强，他们所处的外部环境多变；家庭教育的目标没有统一规定，内容没有统一要求，确定的目标、选择的内容很难找到可靠或者公认的参考标准，全凭家庭教育实施者的"拿捏"；家庭教育的时间跨度大而且非常不统一，从孩子降临这个家庭到其成家立室，对其的家庭教育才算暂且告一段落，这个时间近30年，家庭教育可支配的时间，在孩子入学前较多，孩子入学后较少。这些情况决定了家庭教育必须具有很强的计划性，必须从头至尾都做好科学、周密的计划，不能即兴发挥，想到哪干到哪。

家庭教育遵循计划性原则主要体现在两个方面：一是所有的家庭教育工作都有事先经过反复思考、多方研究、周密考虑的"固定性"计划。首先体现在家庭教育实施者必须通盘考虑家庭教育的规划，充分考虑家庭教育的目标、特点以及家庭教育的情况，在宏观方面作出计划性安排，如0~3岁、3~6岁、6~12岁、12~18岁四个阶段家庭教育的整体性安排。其次是在每个阶段遵循整体性计划的基础上，做好微观方面的计划，从时间上看包括每一年、每一个月、每一天的计划；从事件上看包括每一次教育实施所用到的材料以及如何运用这些材料等。二是所有的家庭教育工作都必须在遵循事先制订的工作计划的基础上，再制订一些随机性的计划，即根据情况的变化而不影响整体目标的实现以及不改变整体布局的基础上按照有关预案作出"计划内"的调整。

第四节 一致性原则

家庭教育的一致性原则就是指在家庭教育中，家庭与学校、社会在教育特别是在家庭教育，如态度、方向、基本要求等方面保持一致；家庭教育实施者与其他家庭成员在对家庭教育的认识、家庭教育实施过程中的基本策略、方式、方法等方面保持一致的工作原则。家庭教育一致性原则是保障家庭教育形成合力，实现同心协力帮助受教育者健康成长、全面发展的重要原则。

首先，家庭教育的一致性原则要求家庭教育与学校教育、社会教育保持一致。关于家庭教育与学校教育的一致性，苏联著名教育家苏霍姆林斯基在《给教师的一百条建议》里这样说："最完备的教育是学校与家庭的结合，教育的效果取决于学校和家庭的教育影响的一致性。如果没有这种一致性，那么学校的教学和教育过程就会像纸做的房子一样倒塌下来。"家庭教育与学校教育的一致性主要是指受教育者进入学校学习后，其家庭教育一方面应坚持原有的正确做法，发挥对学校教育的互补作用，如学校的教育更多的是"共性"教育，具有明显的"标准化"特征，但受教育者是"独特"的，受教育者个体与个体之间是有"区别"的，学校教育很难顾及每一个受教育者的方方面面，这就需要家庭教育来协助、补充，围绕相同的教育目标，从不同的角度助力受教育者的健康成长、全面发展；另一方面发挥对学校教育的"加力作用"——在教育目标、方向、内容、行动等方面与学校保持一致，积极配合学校教育开展有关教育工作，如学校开展安全教育，家庭教育应该态度相同、行动一致，发挥家庭教育在校外的安全教育强化教育，通过家长的强化提醒、严格监管、督促落实进而形成"1+1＞2"的效应，让安全教育落到实处、发挥效能。

其次，家庭教育的一致性原则要求参与家庭教育的各成员对家庭教育的观念、态度、策略以及方式、方法等方面保持高度一致。现当代的家庭一般都是一家三口，独生子女居多，随着"二孩"政策的全面深入实施，四口家庭也随之出现，在这样的家庭里，家庭教育的实施者一般情况下主要是父亲或母亲，很多时候，祖父、祖母或外祖父、外祖母也是家庭教育重要的参与者。无论是父亲抑或是母亲占据主导地位，承担家庭教育实施者的角色，在实施家庭教育的过程中，必然有着其他力量有意无意的"介入"，特别是受教育者的行为与家庭教育实施者的要求有所偏差，需要及时"用力"矫正的时候。这时候的"介入"力量若与教育实施者的力量是同方向或者接近的方向当然是好事，同方向的力量叠加就会形成合力；但通常"介入"的力量是异向的，往往形成直接阻力或者干扰。例如，受教育者犯了错，家庭教育实施者在义正词严地指出问题或要求及时改正的时候，有些家庭成员，特别是祖父母或外祖父母就会从旁唠叨，说没有必要小题大做，孩子犯错是正常的，没有酿成严重后果等帮助孩子求情，甚至还将孩子强行拉开说一些明显跟家庭教育实施者有冲突甚至完全相反的言论。这就是典型的家庭成员之间的教育理念或教育方式不统一的表现，一方面严重干扰家庭教育的有效实施，降低行动的效果；另一方面会对受教育者产生负面效果。战国思想家、法家代表人物韩非子说过："一家二贵，事乃无功；夫妻持政，子无适从。"不统一的教育方式和观念会让孩子失去心理上的稳定感和安全感，而长此以往，孩子会在性格上形成依赖性强、情绪波动大、不合群还有胆怯这些个性特征。为避免受教育者在接受家庭教育时不知道听谁的，陷入无所适从的尴尬或因此让他们产生有所倚仗可以寻找"靠山"的错觉，家庭教育的各成员之间必须保持一致，形成教育合力。

最后，家庭教育的一致性原则要求家庭教育实施者在家庭教育中必须保持前后一致、始终如一的原则。这既是家庭教育具有长期性特点的要求，也是家庭教育实施者具有示范性特点以及受教育者具有模仿性特点的要求。如大家非常熟悉的"孟母三迁"，孟母始终如一地把"给孩子一个良好的成长环境，借助良好的成长环境引领孩子健康成长"铭记在心、落实于行，经过"三迁"而让孟子终于在良好的成长环境里茁壮成长，成为儒家的代表人物，被世人尊称"亚圣"；又如家喻户晓的"曾子杀猪"，曾子始终坚持"言行一致"，给孩子做个"说话要算数"的榜样，兑现了先前对孩子的"承诺"，如期杀猪给孩子吃。孟母不顾辛劳坚持寻找良好的成长环境，曾子不顾妻子的阻拦坚持兑现先前对孩子的承诺，这实际上是两个家庭的教育实施者对教育方向的坚持，在保持教育方向上始终如一，引导受教育者自始至终沿着这个既定方向努力前行。如果孟母和曾子没有坚持下去，原先的既定目标半途而废，教育效果自然会受到影响：当初的教育设想没法达成（好环境成就好孩子；父亲守承诺，儿子也就守承诺），家庭教育实施者威信降低，孩子容易迷失，甚至形成双面性格。对此，新教育代表人物朱永新一针见血地指出："家庭教育方向不一致使儿童无所适从。"

第五节　相结合原则

家庭教育相结合原则就是在家庭教育实施过程中，各种力量、各种因素要互相结合、互相兼顾，形成互相配合、互相协助的良好局面的工作原则。家庭教育相结合原则实际上是家庭教育中的合力教育原则，是强强联合、优势互补、取长补短的体现。家庭教育相结合原则主要体现在以下几个方面。

一、言教与身教相结合

教育方式很多，从教育施教者对受教育者施加影响的形式看，可以分为身教与言教。[①]"言教"就是教育者通过讲道理、谈利害、提要求、说禁止等方式对受教育者开展教育的教育方法。无论是学校教育还是家庭教育，抑或是社会教育，"言教"是最为普遍的做法，如学校教师给受教育者开设思想道德课程，教师在课堂或各种集会中向学生讲道理、说要求；家庭教育实施者给受教育者讲故事(孔融让梨、岳母刺字)，教受教育者读《三字经》，学《弟子规》，背《道德经》；社会教育向受教育者开设各种形式的专题讲座等，都属于"言教"。言教作为一种教育方式一直深受教育者的喜爱并得到广泛使用，具有突出的优势和鲜明的效

---

① 魏源. 中国启蒙思想文库：默觚——魏源集[M]. 赵丽霞，选注. 沈阳：辽宁人民出版社，1994.

果，尤其是在受教育者处在较低龄阶段（入学前儿童和低年级儿童），一方面这些受教育者因年龄小而理解能力不强，另一方面有些教育内容或因时代久远或不容易理解，必须通过"言教"来传达给受教育者，让他们从中得到教育。

"身教"就是教育者通过自身的行动或行为对受教育者开展教育的教育方法，以行动做示范，以行为做榜样，从而启发、感动、引领受教育者。无论国内还是国外，教育界都毫不例外地倡议甚至强调"身教"，如大家烂熟于胸的"以身作则""现身说法""身教胜于言教"等就是有力证明；苏联教育家申比廖夫"没有教师对学生直接的人品影响，就不可能有真正的教育工作"的观点，马卡连科"教师个人的榜样，乃是使青年人心灵开花结果的阳光"的见解就是有力支撑。

"言教"与"身教"作为家庭教育的两种常用方法，都具有自身的优势，但也有明显的劣势，同时，任何一种教育方式都不能完全承担起教育的所有功能。"用'言传身教'来概括家庭教育无疑再恰当不过……言传和身教缺一不可……没有身教，言传无效。"[①] 就"言教"对家庭教育来说，它的教育对象是儿童或青少年，研究表明儿童或青少年注意力稳定性差、集中时间短，容易"走神"。面对这样的教育对象，我们很容易想象得到长时间的"言教"会出现怎样的情况：施教者侃侃而谈，受教者心不在焉；施教者滔滔不绝，受教者充耳不闻。对于家庭教育中的"言教"，国内知名幼儿教育家与心理学专家孙瑞雪在2012年1月刊登于"凤凰网·凤凰亲子"的文章《教育孩子不要一味"说教"》里给出提醒："学龄前幼儿的理解能力有限……孩子的注意力集中时间有限，其理解能力也非常有限，使用冗长、复杂的语言，往往会令孩子感到困惑。"

另外，"言教"对言教实施者的口头表达能力要求高，但我们的家庭教育实施者，无论是父亲还是母亲有相当一部分口头表达能力一般，甚至有些连一般都达不到。一个口头表达水平低的言教者很难做到让受教者"洗耳恭听""言听

---

① 本刊编辑部.没有身教，言传无效[J].妇女生活（现代家长），2013（3）.

计从"。况且,"言教"对象复杂多变,仅仅依赖"言教"或过度的"言教"非但很难达成家庭教育既定的效果,反而容易因此引发其他的家庭教育问题。如家庭教育实施者与"身在曹营心在汉"的孩子之间的彼此误解:施教者迁怒于受教者的不听教,受教者埋怨施教者的无聊,前者可能演变成施教者对受教者"暴风骤雨"般的批评甚至"拳脚交加";后者可能导致受教者对施教者的"阳奉阴违""我行我素"乃至形成"恶语相向""背道而驰"的局面。

所以,"言教"对象的特点以及"言教"对施教者的要求很难保证"言教"这种教育方式能够独立承担起所有的家庭教育要求,还需要与其他的教育方式一起承担。

就"身教"对家庭教育而言,它的教育对象是儿童或青少年,喜欢模仿是这些教育对象的显著特点之一。"青少年时期是人类模仿性最强的时期,最容易和最喜欢模仿别人。"[1]青少年这一鲜明特点的确是家庭教育实施"身教"的有利因素,但是青少年的模仿,首先是他们喜欢的,人物方面如体育明星、影视演员、经济学家、文化名人、政治伟人、网络红人等;行为方面如时尚的行为、潮流的做法。其次是他们觉得有必要、有意义,如现今的青少年热衷于某些行为或做法都会深受各种媒体或商家的宣传影响,让他们觉得很有意义、很重要。以往热衷于模仿西方过圣诞节、感恩节、情人节等洋节日就是鲜明的例子。事实上,家庭教育中的实施者虽然是受教育者的父亲或母亲,但父母要求的不都是他们喜欢的,如果父母没有说明为什么这样做或这些要求的意义,他们往往是不知道的。他们不喜欢或者不知道(不认可)这些要求的意义,就很可能不喜欢模仿,也就让"身教"的效率有所降低,发挥不了应有的效果。"身教离不开言教。言教是身教的内涵、纲领、路标。没有言教这一旗帜的引导,身教就会失去目标和动力。"[2]

---

[1] 鲁正新.青少年的模仿性与犯罪[J].青年研究,1983(1).
[2] 朱春梅.浅析家庭教育中言传与身教的教育策略[J].辽宁行政学院学报,2010(4).

所以，实施"身教"需要的条件本身存在的缺陷又让它很难独立地承担起家庭教育的所有要求，也需要与其他的教育方式一起承担。"教师要对学生发挥教育作用，概括起来有言教和身教两个实施途径。言教和身教相互补充、相辅相成，是一个事物的两个侧面，彼此难分轻重。"①

二、正面教育与反面教育相结合

什么是正面教育？对于这个问题，教育界众说纷纭、莫衷一是，有人说是指教育者运用充满正能量的人物对受教育者进行教育，也有人说是指教育者运用正面的语言即鼓励、赞赏、表扬对受教育者进行教育。这些说法各有道理，谁也不能否定谁。对于什么是正面教育，本书是这样认为的：从采用的教育材料来说，正面教育是指将那些充满正能量，即对社会、国家、民族有杰出贡献或有重要、积极影响的人物作为帮助受教育者健康成长、全面发展引领者的教育方式；从教育者的教育言语、教育策略来说，正面教育是指能给受教育者以激励、鼓舞，能起推动受教育者健康成长、全面发展作用的教育方式。概括地说，正面教育就是从好的一面对受教育者开展教育，包括选择正面的教育材料和运用正面的教育语言。

教育，无论是学校教育还是家庭教育抑或是社会教育，大都采取正面教育的方式。这一点我们可以从古代到现当代社会毫不例外地宣传那些为社会、国家、民族作出杰出贡献的杰出人物——英雄人物、社会楷模、道德模范、社会贤达等感人事迹、杰出成就、高尚品格的行动中清楚地感受得到：政府或社会是通过这些充满正能量的素材为广大的人民特别是青少年树立良好的榜样，利用这些良好的榜样作为引领，告诉人们那是我们应该学习的对象，我们应该学习那些高贵的品质，学习那些崇高的精神，学习那些优秀的行为，像这类人一样为社会发展、国家富强、民族壮大而努力奋斗。我们也可以从当今社会颇受关注的"赏识教

---

① 姬阳彤.有声的行动 无声的语言——浅谈教师的言教和身教[J].长江水利教育，1995（1）.

育""积极教育""鼓励教育"中得到明确的答案：众多的教育专家从不同的场合，以不同的形式大张旗鼓地倡议对受教育者特别是未成年的受教育者予以更多的肯定和鼓励，通过挖掘他们的优点，寻找他们的进步，让他们不断发扬优点，积累进步，从而帮助他们健康成长、全面发展。事实证明，正面教育的的确确在教育人特别是未成年人方面具有非常重要的作用。

但是，我们在看到正面教育对受教育者带来积极影响的同时，也要看到正面教育不能消除那些潜在的消极影响。如果把正面教育比作太阳，受教育者就是太阳底下的小幼苗，显然小幼苗要长成参天大树，未来能高耸挺立、不惧狂风、不怕暴雨、不畏严寒，老是躲在温暖的太阳底下，那是几乎不可能的。只有经历过狂风、暴雨、严寒的洗礼，乃至与之"交锋"，才能认识狂风、暴雨、严寒的"秉性"，才能获得对抗狂风、暴雨、严寒的经验，最后实现面对狂风、暴雨、严寒不会掉以轻心的目标，也不会在面对它们时惘然若失或任由它们肆虐。这里的"洗礼"以及"交锋"就是反面教育。

反面教育是相对于正面教育而言的，从教育实施者对受教育者开展教育时采用的教育材料这个角度说，反面教育就是运用反面的典型材料（人物、事件），如触犯国家法律、有违传统道德、有损公众利益等被社会摒弃的人物或事件以及成长历程充满坎坷的人物或事件去教育受教育者；从教育实施者对受教育者开展教育时采用的教育方式这个角度来说，反面教育就是运用反面的教育方法，如告诫、批评乃至惩戒等方式教育受教育者。前者通过反面的典型材料帮助受教育者明白人生旅途中有很多不能触碰的"雷区"和不能超越的"红线"，必须时刻警钟长鸣、明镜高悬，处处小心翼翼、头脑清醒，否则会付出沉重的代价；人生不是一帆风顺、一马平川的，而是时时充满变数，处处充满坎坷，必须要目标坚定、意志坚强、耐力超凡、能力出众，否则会屡战屡败，一事无成。

正面教育与反面教育相结合就是家庭教育者利用人"趋利避害"的天性，通过正面教育帮助受教育者趋近对他们有利的一面：羡慕那些榜样，向往那些先进，学习那些优秀者并努力像他们一样功成名就；通过反面教育帮助受教育者远离对他们有害的一面：鄙视那些典型，远离那些后进，摒弃那些卑劣者并努力避免重蹈他们的旧辙。正面教育与反面教育相结合让受教育者既获得阳光和绚的照耀、清风的温柔轻抚，也得到暴雨的猛烈冲刷，拥有这样的经历，受教育者就会不惧烈日、不畏狂风、不怕暴雨，具有强大的"免疫力"和坚硬的"保护膜"，健康茁壮成长。

三、说服教育与体验教育相结合

说服教育就是通过讲道理、摆事实的方式、方法对受教育者施加影响，引导受教育者认可、接受施教者的主张、见解，促使受教育者按照施教者的设想、要求发展，最终达成施教者的教育目标。家庭教育里无论"言教"与"身教"，还是正面教育与反面教育，都是说服教育。"言教"是借助语言来讲清道理，通过摆事实来阐明原因，说服的媒介主要是施教者的"言语"；"身教"是倚重行动来"讲清"道理，"阐明"原因，"说出"意义，"说服"的媒介是施教者的"行动"；正面教育是运用语言、借助事实从正面说服教育；反面教育是运用语言、借助事实从反面说服教育。这些教育都有鲜明的共同的优势：理由充分、事实清楚，可以晓之以理、动之以情地说服受教育者，实现教育目标。"以理服人，以情感人，以美动人，以心暖人，集真理的力量、感情的力量、人格的力量、艺术的力量于一体，充分发挥说服教育的作用。"[1]

说服教育优势明显，缺点也很突出。说服教育无论是"言教"与"身教"，还是正面教育与反面教育，主要依赖的是施教者。说服教育的效果不仅取决于施教者的综合水平（选择材料的能力、口头表达的能力、选择行动时机的能力、临

---

[1] 韩亚玫. 做好说服教育工作 [N]. 西安日报, 2004-06-21.

场发挥与应变的能力),而且取决于受教育者的接受程度(听取的情况、接纳的情况、认识的情况),还有这些材料(无论是来自古代还是现代,无论是来自国内还是国外)大多与受教育者都是有些距离的,直接关系不大。于是,很多时候,说服教育会出现说服效果与说服行动付出不呈正比,甚至呈反比的情况。"说服者与被说服者之间的关系犹如子弹与靶子一样,靶子只要被击中,就会产生效果。然而大量的研究实践表明,问题远非如此简单。说服教育者发出的'子弹'未必会使'靶子'应声倒地,有的反而会加强被说服者的对立态度。"① "说服教育并不是万能钥匙,它只适宜于改变'由于认识问题引起的偶发或初始行为,至于那些需要意志努力才能改变的、与习惯人格相关的、与心理健康问题相关的不良行为,说服教育并不是有效的选择'。"② 基于以上情况,家庭教育在实施说服教育的同时,还要实施其他的教育方式,其中体验教育就是一种很好的教育方式。

什么是体验教育?体验教育就是家庭教育的施教者借助或创造各种条件(场景、事情、活动)让受教育者亲自参与其中,通过受教育者的"做"来获得"感受、体会、启迪甚至共鸣等"以实现教育目标的教育方式。体验教育最大的特点就是受教育者必须参与其中,从所参与的活动、经历的事情中获得收获,如体会、思考、感悟、启迪、共鸣乃至震撼等,最终促使自己的思想观念发生自觉的更新,道德品质得到显著的提升,行为习惯发生彻底的改善,换言之,受教育者经历体验教育后脱胎换骨,焕然一新。"如果我听到了,那么就知道了;如果我看到了,那么我就明白了;如果我做了,那么我就真正懂得了。"③

体验教育作为一种教育,并非"舶来品"。《孟子·告子下》中的"故天将降大任于斯人也,必先苦其心志,劳其筋骨,饿其体肤,空乏其身,行拂乱其所为,所以动心忍性,增益其所不能",陆游《冬夜读书示子聿》中的"纸上得来

---

① 郑培军.说服教育的态度改变理论 [J].军队政工理论研究,2001(4).
② 蒋玉燕.说服教育不是万能钥匙——学生不良行为的种类及其应对策略 [J].班主任,2008(5).
③ 李菊.学习陶行知理论,悟幼儿体验式学习 [J].职教幼教,2013(3).

终觉浅，绝知此事要躬行"，刘彝《画旨》中的"读万卷书，行万里路"等虽然是不同朝代的名句，但都不约而同地强调体验，通过"苦、饿、空、躬、行"等经历，人都有明显的提升。从这些例子中，我们可以看到古代先贤在教育中除了广泛运用说服教育这个教育方法外，还非常重视体验教育，强调教育必须让受教育者在"做"中学，通过"做"真正明白道理，掌握技能。

第六节　循序渐进原则

"循序渐进"出自宋代理学大家朱熹对《论语·宪问》中"不怨天，不尤人，下学而上达，知我者其天乎"的集注："但知下学而自然上达，此但自言其反己自修，循序渐进耳。""循序渐进"在《现代汉语词典》里是这样解释的：学习、工作按照一定的顺序逐步加深或提高。循序渐进作为教育教学的原则之一，它强调必须遵循教育的原则，按照教育的规律，根据教育对象，即受教育者的实际情况去组织、安排、开展一系列教育工作。

教育自古以来就强调要遵循循序渐进的原则。如《礼记·学记》中就提出："当其可之谓时，不陵节而施之谓孙"（当学生可以教导的时候加以教导，这就是合时宜，不超越学生的程度，不跨越学生学习进度，不超出学生能力去引导）；"杂施而不孙，则坏乱而不修"（东学一点，西学一些，却不按进度学习，只会使头脑混乱而没有条理）。《论语·子路》中说："欲速则不达（想求快往往达不到目的），见小利则大事不成。"《孟子·离娄下》说："原泉混混，不舍昼夜；盈科而后进（水流满一个地方再流向另一个地方），放乎四海"；《孟子·尽心上》说："流水之为物也，不盈科不行（不流满一个地方是不会往其他地方流的）"。宋代理学大师朱熹对于循序渐进的教育原则也有独到的认识，"君子教人有序，先传以小者近者，而后教以远者大者"（圣贤教导人有一定的顺序，先传授小的、近的方面，然后教授大的、远的方面），"圣贤教人，下学上达，循循有序"（圣贤教育学生，从低到高、由浅入深，按照一定的顺序，依次开展）。搜狐网2013年7月刊发的文章《从家训看我国古代家庭教育传统和方法》指出，"我国在很早就发现儿童在不同阶段具有不同的发展特点，并根据这些发展特点实施不同的教育。如早在西周时期，周代贵族家庭就有一套按儿童年龄安排教育的程序"。

家庭教育作为传统教育的一种形式，自古以来就已经存在，对古代传统教育中优秀的教育经验予以继承是家庭教育发展的自然而然的事情。北京师范大学教育学部教授、国学经典教育研究中心主任徐梓指出，"既然是一种教育活动，那就必须遵循教育的原则，按照教育规律办事……在众多的教育原则中，最基本的一条就是要循序渐进，循序渐进也是中国传统教育的优良传统。历代教育家把这个传统的意蕴和意义诠释得显豁透亮"①。家庭教育作为传统教育的一种形式，是学校教育、社会教育的基础和重要补充，必须与学校教育、社会教育一样遵循循序渐进的教育原则。《国家中长期教育改革和发展规划纲要（2010—2020年）》中指出，"全面推进教育事业科学发展……把握教育发展阶段性特征，坚持以人为本，遵循教育规律……尊重教育规律和学生身心发展规律，为每个学生提供适合的教育"。《上海市0—18岁家庭教育指导内容大纲（试行）》指出，"实施家庭教育要注重科学性与人文性的统一，引导家长关注以下原则……正确了解孩子身心发展的特点及规律，尊重孩子接受意趣，顺应孩子的天性，关注经验获得的机会和发展潜力，让他们能在丰富的、适宜的环境中自然发展，和谐发展，快乐成长……在遵循一般规律的基础上有针对性地进行个别化教育"。

家庭教育循序渐进原则，主要包括以下两个方面。

一是家庭教育的教育内容安排要循序渐进。家庭教育的内容比较多，涉及思想、道德、行为、习惯等多方面，虽然这些内容都很重要，是受教育者全面发展

---

① 徐梓. 经典教育应"循序渐进"[N]. 光明日报，2017-04-23.

所需要的，但是在教育时必须充分考虑受教育者的年龄特点、思维接受力等因素，不能"眉毛胡子一把抓"，不能"全面开花"，应该有所侧重，哪些安排教，哪些不安排教，哪些先，哪些后等应该充分考虑，要处理好内容安排的主与次、多与少等关系，强调教育内容的适当性，避免因内容过多或混乱而让受教育者不堪重负，继而影响教育效果。

　　二是家庭教育的教育进度要循序渐进。家庭教育的内容主要是思想、道德、行为、习惯等，这些内容对于受教育者来说，都是"外来物""新东西"，不论多与寡，他们对这些内容的认识、接纳、固化都有个过程。过程就得需要时间，但不同的内容需要的时间也是不一样的，如受教育者完成思想转变所需的时间与完成习惯养成特别是改变旧的习惯、养成新的习惯所需的时间是对等的。同时，受教育者处于不同的阶段，认识、接受新事物需要的时间是不尽相同的，如孩子在5岁与6岁两个不同年龄段对同一事物的认识、掌握所需时间是有很大的差异的。所以，家庭教育在教育进度的安排上必须遵循循序渐进原则，要充分考虑受教育者的情况及掌握教育内容所需时间等因素，把握好教育的节奏，处理好快与慢、缓与急等关系，努力避免因为急于求成、一蹴而就等心态而出现过分追求教育速度，讲求教育频率而忽略教育有效性的误区。

第四章
家庭教育的常见类型

家庭教育的类型，按照不同的标准或从不同角度出发有不同的方式，如从家庭教育主要实施者（父亲或母亲）对家庭教育的掌控与施教风格来看，常见的有专制型、民主性、放纵型（自由型）；从家庭教育施教者的态度与采用的主要方法来看，常见的有溺爱型、惩罚型、说教型、冷漠型等。下面就以上常见的家庭教育类型有选择地作简要的分类阐述。

第一节 专制型的家庭教育

专制型的家庭教育主要是指家庭教育的实施者在家庭教育中处于绝对的核心地位，对家庭教育拥有绝对的话语权。如通过家庭教育将施教者培养成怎样的人，采取什么样的家庭教育方式与方法，怎样安排受教育者的家庭教育活动，受教育者在家庭教育中如何落实家庭教育的要求等，都是家庭教育施教者一个人说了算，其他人要么坚决服从安排，要么彻底靠边站。

一、专制型家庭教育的指导思想

专制型家庭教育的家长一般都会这样认为：家长作为受教育者的法定监护人，是家庭教育的"权威""专家"，对受教育者的成长与发展拥有绝对的"话语权"，让受教育者成为怎样的人、如何成为这样的人等都是他（她）应尽的职责；受教育者成为怎样的人、如何成为这样的人等问题都是凭他（她）个人的认识、体会，这些认识与体会包括他（她）个人的所见、所闻、所感；受教育者个人无论从身份、地位以及成长需要的条件看都离不开家庭教育施教者，纯粹处于"依赖者"地位，离开家庭教育施教者的指导、帮助，受教育者是没办法健康成长、全面发展的。

二、专制型家庭教育的基本模式

在专制型家庭教育里，施教者是家庭教育的"决策者""发令员"；受教育者是家庭教育的教育对象，是"被改变者"，在家庭教育里处于绝对服从的地位，他们对施教者必须"言听计从"，不能有丝毫的"拒绝"甚至"迟疑""偏离"。专制型家庭教育的教育开展模式一般是单线的，即施教者直接对受教育者发挥"一对一"影响（见图4-1），也有施教者联合其他家庭成员对受教育者发挥"多对一"影响（见图4-2）。

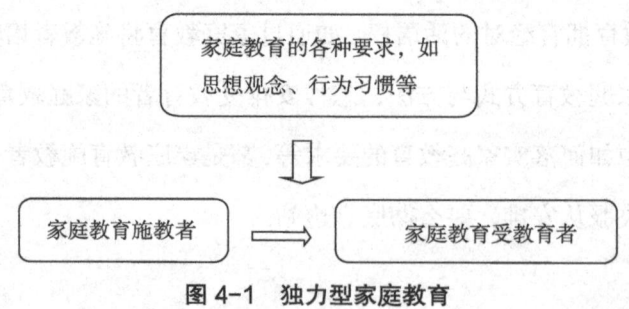

图4-1 独力型家庭教育

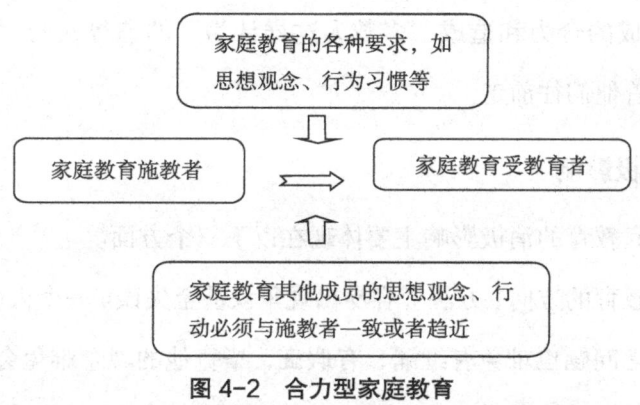

图 4-2 合力型家庭教育

三、专制型家庭教育的影响

（一）积极影响

专制型家庭教育的积极影响主要体现在两个方面：一是容易形成家庭教育的强大合力，对受教育者形成强大的外在推力，促使受教育者基本上甚至完全按照家庭教育施教者的教育意图与要求成长、发展。专制型家庭教育施教者的核心地位决定了他（她）在家庭教育中具有高度集中统一的"权力"，集决策者、号令者、管理者于一体，容易将家庭教育其他成员"团结起来"，容易形成家庭教育的理念统一、调门一致、行动一样的良好局面或态势。二是容易促使家庭教育的受教育者按照施教者的教育意图、教育要求去发展，能快速有效地实现教育目标。专制型家庭教育的受教育者一方面是迫于这个家庭教育人员的"团结""统一"所形成的强大外在推力而被动地往施教者预定的方向发展；另一方面是受从众心理的影响——家庭教育施教者及其他家庭成员都这样认为、这样行动，应该是必须的、重要的，照他们那样去做应该不会吃亏、不会落伍等。这样的情势，这样的想法，就算受教育者之前不愿意、不认可，也会在专制型家庭教育施教者及其成员所形成的合力和造成"多数人这样认为"的态势共同"驱动"下自觉或不自觉地跟着他们往前走。

（二）消极影响

专制型家庭教育的消极影响主要体现在以下三个方面。

一是家庭教育的方向、方法等容易出现争议甚至失误。一个人就算智慧超群、能力出众，考虑问题也难免有纰漏、有瑕疵，毕竟他的观念难免会落伍、他的视角可能会有盲区、他的认识也许会有偏见……于是家庭教育的目标可能过高，也可能偏低甚至不合时宜；家庭教育的方法可能欠科学、不先进甚至错误；家庭教育的要求可能过严，也可能过宽甚至不切实际。这样的情况在家庭教育中并不少见，如大家耳熟能详的"拔苗助长"就是有力的证明，今天常常见之于报端、闻之于广播、传之于网络的家庭教育悲剧就是其中血的教训。

二是家庭教育容易出现多种冲突，给家庭教育带来负面影响。在专制型家庭教育中，如果是施教者个人"专享"对家庭教育的全面主宰，常常容易出现矛盾冲突：家庭教育实施者因其他成员不自觉的"异见""异行"而与之发生"口角"，毕竟家庭教育一个人"独揽大权"，其他人未必服从，多少也会有些异议，尤其是对于那些有个性、有主见的家庭成员来说更是如此，他们不经意地在家庭教育中"插嘴""插手"是常见之事。专制型家庭教育人员完全享有对家庭教育的话语权，对于受教育者来说，在他们深入接触家庭外的各种人与事之前，是会"唯施教者马首是瞻"的，但随着他们与外界频繁与深入的接触，他们会对专制型家庭的专横、高压有所反应：心里有怨言、异议，行动会迟缓、走样……甚至出现比这些更严重的表现。类似这样的家庭教育实施者与其他家庭成员之间、家庭教育实施者与受教育者之间的矛盾冲突如果高频率发生、长时间存在，必然会给家庭教育的整体效果带来负面的影响。

三是容易让受教育者养成家庭教育施教者难以早期发现的追悔莫及的各种"异常"。家庭教育受教育者是正处于不断发展变化的个体,往哪个方向发展,当然取决于他自己,但外界因素的影响是一个不可忽略的环节。在专制型家庭教育中,受教育者可能在心理不够强大的前提下,迫于施教者的高压,养成一切言听计从、逆来顺受、被迫服从的性格;也可能形成别人已经安排好了,自己无须动脑、缺乏主动作为的依赖习惯;还有可能形成迫于压力表面服从,暗里反对,即"阳奉阴违"的双面性格。这样的受教育者的确"听话",但这并不是家庭教育施教者所希望的。

第二节 放纵型(自由型)的家庭教育

放纵型(自由型)家庭教育是指家庭教育实施者虽然在家庭教育中处于核心地位,对家庭教育拥有话语权,但是无论对家庭教育的宏观规划,还是微观计划都没有深入、完整、明确的思考以及确定,更多的是"心血来潮"式地在家庭内部安排或开展对受教育者的家庭教育。通过家庭教育将受教育者培养成怎样的人,采取什么样的家庭教育方式与方法,怎样安排受教育者的家庭教育活动,受教育者在家庭教育中如何落实家庭教育的要求等,这些需要家庭教育施教者深入思考并加以确定的内容,在放纵型(自由型)家庭教育中一般都是没有经过深思熟虑的,更没有形成具体的家庭教育规划与计划。如偶然要对受教育者开展家庭教育工作,由谁来负责落实也常常是临时安排或看谁有兴趣、有时间就安排谁去实施。"自由"和"不确定"是放纵型(自由型)家庭教育最显著的特点。

一、放纵型(自由型)家庭教育的指导思想

放纵型(自由型)家庭教育的家长通常有这样的想法:一是认为孩子是不用教的,他们自己会自然健康地成长。"仔大仔世界""儿孙自有儿孙福""好人

不用教，丑人教不好"等坊间俚语就是他们持这种观点的有力证据；"以前我们的父母早出晚归、起早摸黑，根本没有时间管教过我们，我们照样成功成才"等"生活事实"是他们持这种观点的强力支撑。二是认为孩子不是自己教的，是别人教的，是学校、老师教的。"小的时候有幼儿园教，稍大的时候有小学教，再大点的时候有中学教"是他们的基本认识，几乎完整的教育链"幼儿园—小学—中学（初中，高中）—大学"也是他们能依赖的重要力量。三是认为教育人是一门艺术，没有经过专门培训的人是无法胜任的，家长只能教一些基本的生活常识。认为家长没有经过专门培训，让孩子吃饱、穿好、玩好，看着孩子不让他们出意外，逗逗孩子大家开心开心是可以的，但教育孩子家长就难堪大任了。四是看到孩子实在有些"不正常"时就出手干预一下，看到别人都这样，而自己的孩子没有这样做的，就学学人家，也"这样做做"。

二、放纵型（自由型）家庭教育的基本模式

在放纵型（自由型）家庭教育中，施教者是家庭教育的"决策者""实施者"，受教育者是家庭教育的教育对象，是"接受者"，但是由于施教者对家庭教育的"不确定性认识"或者对家庭教育的"片面认识"，只停留在教一些诸如避免孩子有"出格"危险的基本要求层面。在这样的前提下，孩子的家庭教育就会出现时有时无，或者时强时弱，或者随波逐流——不切合实际地跟随潮流的尴尬情况。放纵型（自由型）家庭教育的教育开展模式，如果从施教者对受教育者实施家庭教育的行为、力量看，基本上是断断续续（见图4-3），时强时弱、忽高忽低（见图4-4），杂乱无章（见图4-5）的"一对一"模式。

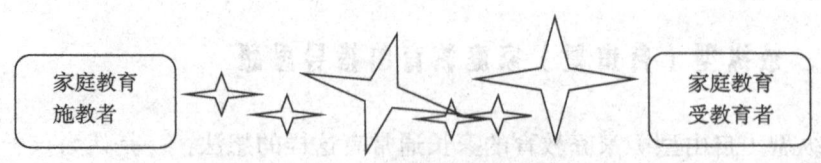

图 4-3　独力型断续式家庭教育

图 4-4 独力型波动式家庭教育

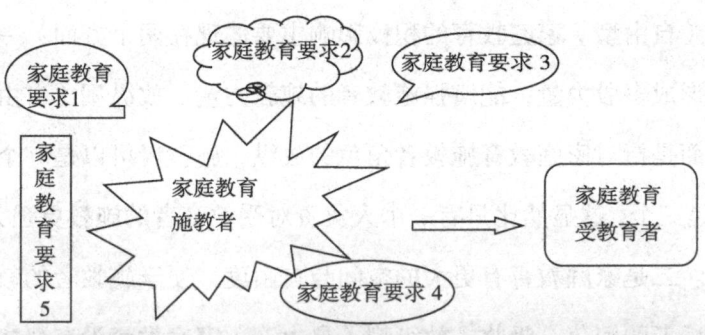

图 4-5 独力型杂乱式家庭教育

从家庭教育受教育者承受教育要求的频率、连贯性看，也是断断续续、忽高忽低、忽多忽少、杂乱无章的。

如果从家庭教育施教者放开对受教育者的教育权限，即除了负起家庭教育主要责任的父亲（母亲）这个家庭教育核心外，其他成员都可以随时随地地对受教育者开展家庭教育的角度看，家庭教育就会出现另外一种模式——"多对一"模式，这种模式参与者发生了变化，即由"一对一"变成"多对一"，教育断断续续、忽高忽低、时强时弱、飘忽不定、杂乱无章的情况依然存在。"多对一"模式可以用图 4-6 表示。

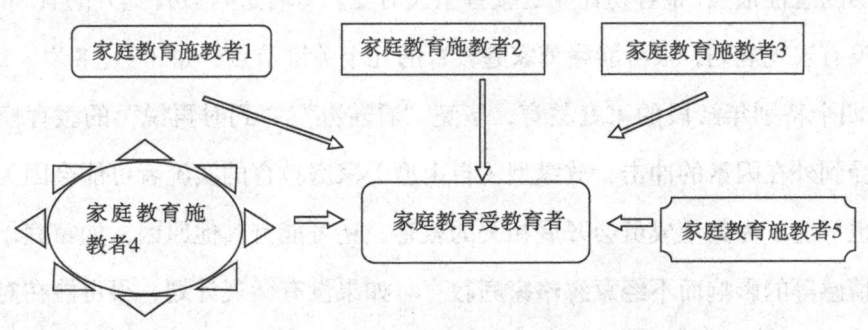

图 4-6 合力型杂乱式家庭教育

三、放纵型（自由型）家庭教育的影响

（一）积极影响

放纵型（自由型）家庭教育的积极影响主要体现在两个方面：一是家庭教育施教者可以形成多股力量，能增强施教者的施教力量。放纵型（自由型）家庭教育放纵的一面是指对家庭教育施教者角色的放纵，施教者可以是一个，可以是两个，还可以是三个，这显然比只有一个人负责对受教育者的施教更强大，毕竟"人多力量大"。二是家庭教育有更大的空间与自由度，便于施教者的教育发挥，也有利于受教育者的消化、吸收。放纵型（自由型）家庭教育没有严格、完整、明确的家庭教育宏观规划与微观计划，让家庭教育存在较大的时间间隔、腾挪空间，对于家庭教育施教者来说没有接踵而来的压力，可以抽时间予以分析与思考，看清需要、看准时机对受教育者实施家庭教育；对于受教育者来说，没有应接不暇的家庭教育要求，可以有"喘气与咀嚼的时间"，有助于更好地认识、理解、落实家庭教育的要求，有助于更好地完成家庭教育的目标。

（二）消极影响

放纵型（自由型）家庭教育的消极影响主要表现在以下几个方面。

一是容易错失家庭教育的有利时机。放纵型（自由型）家庭教育因为对家庭教育的随意性很强，很容易让家庭教育错失对受教育者进行教育提升的有利时机，如果没有宏观规划，很可能漏掉家庭教育的几个关键节点，如3岁、8岁、12岁、14岁四个特别年龄段的家庭教育，毕竟"看着办""到时再说"的教育模式很容易受到外在因素的冲击，放纵型（自由型）家庭教育的实施者可能会因为工作忙，也可能以为其他成员会开展相关的教育，还可能有其他原因，如家庭矛盾、个人情感等的影响而不经意忽略家庭教育。如果没有微观计划，很可能在对受教育者实施家庭教育时出现手忙脚乱或没有抓住重点、关键点的窘况，也可能会因

为其他意料之外的情况出现，但没有预案而不能让意外或失误成为良好的家庭教育契机等。

二是容易造成家庭教育的混乱局面。放纵型（自由型）家庭教育因为对家庭教育的随意性很强，很容易让家庭教育出现混乱局面，一方面体现在"只要是家庭的年长者，谁都可以对受教育者开展家庭教育"，没有明显的核心，导致家庭教育工作的混乱，你说要加强思想道德教育，想跟受教育者讲名人故事，他说要加强行为习惯的养成教育，要跟受教育者分析其近期表现，没有预先安排或事先约定，也可能出现时间安排的"冲突"；另一方面体现在"家庭教育目标、内容等没有明确、清晰的规划与安排"，什么时候教育什么、什么时候实现什么目标等都不清楚，很可能就会出现这个目标没有达成，又要追求另一个目标，这个内容还没有完成，就要安排另一个内容的"乱象"。

三是容易让受教育者无所适从。放纵型（自由型）家庭教育的混乱，一方面让施教者处于冲突、忙乱中；另一方面也让受教育者无所适从。如家庭教育这个施教者这里有要求，那个施教者那里也有要求，受教育者分身乏术，加之学校又有那么多的要求，受教育者不知道究竟先完成哪些要求。如就某些思想或习惯的看法，家庭教育这个实施者是这样说的，那个实施者是那样说的，如果说法接近甚至一样还好办，如果有差距甚至迥乎不同，受教育者不知道究竟听谁的。

四是容易让受教育者得不到应有的帮助。放纵型（自由型）家庭教育因为缺乏明确的规划与计划，一方面会导致受教育者得不到系统、完整的家庭教育；另一方面容易带来混乱而让受教育者在特别需要教育指导时难以得到及时的帮助。如放纵型（自由型）家庭教育特别依赖学校教育，如果受教育者需要的教育在学校里面没有，或虽有但对学校里的教育不是很明白、有疑问，很可能会因为家庭教育施教者过分依赖学校而没有密切留意受教育者的心理需求、情绪变化导致受教育者很长时间存在迷惘、困惑，久而久之成为很难消除的"痼疾"。

第三节 民主型的家庭教育

什么是民主型家庭教育？对于这个问题，我们先来看什么是民主家庭。什么是民主家庭呢？可以借用苏联教育家苏霍姆林斯基的话作为解释："父母善良和睦，互敬互爱、互谅互让；父母尊重孩子，理解孩子，与孩子成为朋友，这种民主的家庭拥有天下最大的幸福。"参照苏霍姆林斯基对民主家庭的解释，我们将民主型家庭教育定义为：在家庭教育者中，家庭教育的负责人与家庭其他成员在家庭教育中的地位是平等的，只是因为家庭教育的需要而承担角色有所不同，他们在开展家庭教育的过程中施教者与受教育者之间是相互理解、相互尊重、相互配合的，家庭教育的决策、组织、执行、反馈等环节都是经过民主的各个环节，体现尊重规律、尊重原则、尊重实际、强调集体、强调合作、强调交流、突出平等、突出互动、突出协调等精神。换句话讲，民主型家庭教育就是平等团结、和谐快乐的家庭教育。

一、民主型家庭教育的指导思想

民主型家庭教育的家庭教育实施者一般都会有这样或接近这样的认识：

一是教育是一种合力，不是一个人单独可以完成的。基于这种想法，他（她）就会充分发动家庭其他成员参与到家庭教育这项活动中。

二是教育需要集体智慧，一个人哪怕聪明绝顶也有思维（思考）盲点，"智者千虑，必有一失""百密终有一疏"。因为这种思想，他（她）就会集思广益、广纳良言。

三是教育的对象是受教育者——孩子，要顾及孩子的情感需要，孩子积极参与、密切配合、主动落实，才能让要求落到实处。如果受教育者消极参与、表面配合、被动落实，教育者的行动可能是"隔靴搔痒"，收效甚微，甚至"白做功"。由于这种意识，他（她）就会理解、尊重受教育者，想方设法调动受教育者的积极性、主动性，充分发挥受教育者的主观能动性。

四是教育必须有针对性，所教育的内容和要求除了正确、重要外，还必须是受教育者所缺乏的，如果不是受教育者需要的，哪怕非常正确、非常重要也不会让受教育者去接受。这样的理念驱使他（她）深入了解受教育者的情况，找出其存在的"不足"，确定需要及时补充的"内容"。

二、民主型家庭教育的基本模式

在民主型家庭教育中，家庭教育的施教者基本上都是先召开家庭会议或与其他家庭成员深入交换意见、反复研讨达成共识，明确家庭教育的远期目标、中期目标和近期目标，并制定与之相匹配的宏观规划与微观计划等，然后充分考虑受教育者的实际（年龄、性格、心理等情况），遵循科学规律、原则等选定科学、合理的方式方法，创造和谐的环境、构建协调的关系，在理解、平等、合作中开展家庭教育。家庭教育实施者与其他家庭成员之间的联系交流和家庭教育实施者与受教育者之间的联系交流，没有谁先谁后、谁主谁次的严格限制，根据需要可能前者先，后者后，也有可能后者先，前者后；家庭教育实施者开展家庭教育可能直接面向受教育者，也有可能通过其他家庭成员面向受教育者。虽然没有严格的限制，但都有很强的规划性与计划性，它强调在有规划、有计划的基础上突出民主的教育氛围。正是由于这样的情况，民主型家庭教育的基本模式往往没有固定模式，常常随着情况而有所调整，变更模式。相对来说，根据出现的频率，网状式是比较常见的模式，具体如图4-7所示。

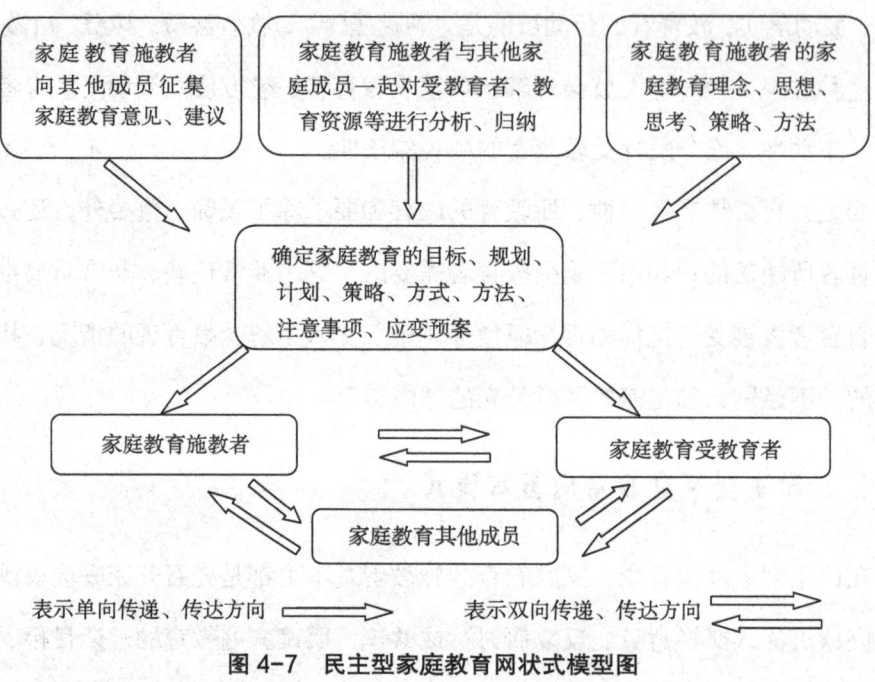

图 4-7 民主型家庭教育网状式模型图

三、民主型家庭教育的影响

（一）积极影响

民主型家庭教育的积极影响主要体现在以下三个方面。

一是民主型家庭教育的教育目标会更加正确、合适，教育规划和计划更加科学、周详与精准，教育策略、方式与方法更加合理、易操作。民主型家庭教育集思广益、广纳良言、共同研究与分析等思想与行为基本上集中了家庭的集体智慧，尽可能地吸收了外界各种关于家庭教育的信息，包括目标、理念、方法等，具有一定的科学性、前瞻性、先进性、针对性以及可行性，很大程度上避免了个人决策的缺陷。

二是民主型家庭教育的教育环境更适合教育者的发挥，也更利于受教育者的成长。民主型家庭教育的平等思想、尊重意识、谅解精神，让家庭教育实施者容易得到其他家庭成员的理解、支持与帮助，容易形成齐心协力、齐抓共管的良好局面，一方面消除势单力孤的担忧，另一方面形成后方有援的优势，可以勇往直前。民主型家庭教育的平等思想、尊重意识、谅解精神，让受教育者容易获得尊重、关爱、体谅、帮助、和谐等心理感受，一定程度上消除了高压、强制、硬塞的教育氛围，受教育者更加愿意接受施教者的教育。

三是民主型家庭教育更容易帮助受教育者养成良好的思想素养与行为习惯。父母是孩子这个受教育者的第一任老师，父母的一言一行对受教育者有着深刻的影响，特别是当受教育者还处于幼年时期和敏感年龄时期。尊重、关爱、体谅、帮助等思想以及行动是自古至今都备受推崇的精神与品格，一方面是受教育者从心底里渴望的东西，他们更愿意接纳；另一方面是受教育者长期接触的内容，看得见、听得到、摸得着，长期的近距离接触很容易对他们产生深刻的影响，潜移默化地成为他们自己的良好思想素养、道德品质和行为习惯。

（二）消极影响

民主型家庭教育的消极影响主要表现在以下两个方面。

一是民主型家庭教育中民主的尺度难以准确把握，容易造成教育工作的拖沓，降低教育工作成效。民主型家庭教育的主要施教者的民主思想与民主行为虽然可以让家庭教育的目标确立、规划制定、方法选择等变得更加科学合理、精准可行，但也存在考虑过度、讨论过多甚至意见难以高度统一的可能性，这样会影响家庭教育的及时开展；民主型家庭教育的民主思想、民主行为固然可以让受教育者有宽松的受教育氛围、广阔的受教育空间、较长的受教育时间，但如果过度追求教育的良好氛围，过分考虑受教育者的接受空间、认可时间可能会无意中让受教育者陷入家庭教育的低强度、低密度地带，从而影响家庭教育的应有频率、速度，造成家庭教育效率低下。

二是民主型家庭教育中民主的尺度难以把握，容易让家庭教育受教育者揪住施教者的"软肋"，让家庭教育的民主由优势变成劣势，让受教育者滋生不良思想与行为，最终让家庭教育得不偿失。民主本身没有一个明确的界定，在家庭教育中更是如此，如果家庭教育施教者自己对民主的思想与行为拿捏不准，很容易让民主泛化——尊重过度、平等过头、谅解过分、帮助过量等，让受教育者错误地认为施教者可以轻易放松要求、随意改变规则，慢慢地家庭教育施教者就会在不知不觉中放松对受教育者的严格要求，甚至被受教育者牵着鼻子走，或者无意中陷入溺爱、听任受教育者的境地。在这样的家庭教育下，受教育者很容易滋生其他不良的思想道德与行为习惯。

第五章
家庭教育的主要方式

从家庭教育施教者对受教育者进行家庭教育所倚重或借助的媒介看，我们可以把家庭教育分为以下三种主要方式：有声式家庭教育、无声式家庭教育和混合式家庭教育。

第一节 有声式家庭教育

所谓有声式家庭教育，就是指在家庭教育中，家庭教育施教者运用有声的教育形式对受教育者进行教育，帮助他们健康成长，全面发展。有声式家庭教育主要有说的教育、讲的教育、读的教育、唱的教育等，它通过说、讲、读、唱等有声的形式让受教育者知道、理解、认可家庭教育施教者提供的家庭教育内容，让受教育者在说、讲、读、听等环节中得到教育，进而影响其自身的思想及行动。

一、有声式家庭教育的理论依据

有声式家庭教育的施教者通常这样认为：一是"人是很容易受到外界信息的暗示的"。这一点我们可以从心理学家伯特伦·福勒的巴纳姆效应中找到依据。二是有声式家庭教育自古以来就是家庭教育的常用方式。如古代著名的"孔母教子"的故事，孔子的母亲颜征将教唱歌作为教育孔子的重要方式；北宋司马光看到儿子司马康污损图书马上予以训诫，日常也经常训诫"食丰而生奢，阔盛而生侈""由俭入奢易，由奢入俭难"；清代大学士张英在《聪训斋语》中屡次提到做人要立品，强调读经书的重要——"读经书、修善德"。三是古今中外有大量的教育故事、传说、格言、歌谣，其中，故事情节生动，引人入胜；传说曲折离奇，扣人心弦；格言言简意赅，耐人寻味；歌谣通俗易懂，朗朗上口，这些都非常适合受教育者去听、去读、去唱，特别是经过施教者的加工，声情并茂，为这些原本已经具备很强吸引力的教育素材增添了新的魅力。四是受教育的对象毕竟年龄小、阅历浅、经验少，理解力和辨别力相对较低，还需要及时地予以帮助。如父母亲自给幼儿讲故事或用播音设备给幼儿播放故事，教他们读《三字经》《弟子规》《千字文》《百家姓》《增广贤文》，父母面对幼儿出现的某些不良表现予以纠正及解释等都是常见做法。五是"操千曲而后晓声，观千剑而后识器"，强调经过多次反复的熟悉能帮助受教育者提高理解力。常常向受教育者讲述成人、成才的故事及道理，让受教育者经常唱成人、成才的歌谣都是可行的做法。

二、有声式家庭教育的常见方式

有声式家庭教育作为一种源远流长、经久不衰的家庭教育方式，主要有以下几种形式。

（一）说故事

我国是历史悠久的文明古国，有着数不胜数的为人称道的关于成长成才的感人故事，我们几乎不需要额外的时间与精力、财力就可以轻而易举地找到适合不同阶段、不同需要的受教育者的经典故事。我们要做的只是抽出些时间给受教育者讲述那些精彩故事，分析里面蕴含的深刻道理、高贵精神和高尚行为。口头表达能力出众的可以亲自"操刀上阵",口头表达能力一般的可以"请人代劳"——利用录音机、专门讲故事的故事机和各种播放器等。

(二)讲道理

我国还有很多关于为人处世的正确道理,它们大多以格言、谚语、成语、名句的形式出现,有的背后有着感人肺腑的故事,以故事的形式流传下来;有的有着多重的含义,以诗歌的形式广为传播;有的就是片言只语……这些内容有的浅显易懂,一目了然;有的艰涩隐晦,需要必要的解说予以协助,特别是对于那些进入学校前或入学后仍处在低学段的受教育者而言;还有些良莠并存,需要经过必要的甄别,有选择地进行解读。例如,关于在名胜古迹留诗刻字的争论,有小孩提及《西游记》有孙悟空"到此一游"的题字情节,中国很多名胜古迹中有古代名人留下的诗歌、书法等作品,如果施教者不及时予以协助和解读,很可能会造成误解。

同时,受教育者正处于急剧变化、快速成长的阶段,容易受外界因素的影响,在受到外界影响前、影响中、影响后都需要及时给予他们适当的提醒和指点。另外,受教育者在成长过程中可能会走偏甚至犯错,这个时候需要施教者及时"拯救",或是牵引,或是阻挡,这时要给受教育者讲清楚为什么、怎么办的原因或道理。例如,小孩因为诚实而在生活中感到委屈甚至吃亏,对父母或老师提倡的"为人要诚信、守诺言"如果不及时予以解说,很可能会出现偏离"航道"的危险。

(三)唱歌谣

我国作为四大文明古国之一,还是一个诗的国度,一个歌的家园。古代很早就有运用歌谣教育孩子的记载,现代也有运用歌谣教育孩子的案例,如伟大教育家陶行知就是运用歌谣进行教育的倡导者与践行者。今天也有主张儿歌教育课程化的倡议与研究,唱歌谣教育包括施教者唱给受教育者听和施教者教、受教育者唱的形式。北京大学教授、著名学者陈平原先生预言，儿歌将在21世纪回到文学的主体地位。如果这个预言成为现实，教受教育者唱歌谣的教育形式会更加流行。

三、有声式家庭教育的优劣

（一）有声式家庭教育的优势

有声式家庭教育，无论是说故事，还是讲道理，抑或是唱歌谣，它们的共同特点是有声音的教育，只是声音的呈现有所不同，说是说的声音，讲是讲的声音，唱是唱的声音，但目的是相同的，都是借助声音对受教育者施加影响，引导受教育者能在人生旅途中行得正、站得稳，避免误入歧途；使教育入耳、入脑、入心，最终留下深刻印记，内化成一种精神、一种品格。

施教者对受教育者说的故事多，即输入多，受教育者听的故事也就多了，听的过程也会思考以及与施教者交流，这样思考也多；施教者的观点多，今天说一个，明天说一个……日积月累，积少成多，汇沙成塔，从量变到质变，受教育者在故事的引导下会深受影响：其中应有自己的学习楷模，推崇的思想品质，欣赏的行为习惯并慢慢形成自己的价值观、人生观。说故事会润物无声地影响受教育者，讲道理也一样，唱歌谣亦应如此，计日程功，潜移默化。

（二）有声式家庭教育的劣势

有声式家庭教育借助的媒介是声音，这个声音首先是施教者的声音，包括施教者本人发出的声音，如亲自说故事、讲道理、唱歌谣，也包括非施教者的声音，如播放器发出的声音。在教育效果方面，声音的质量是一个不可忽略的因素，众所周知，一个好的声音，包括音质、音调，大家都喜欢，这是毫无疑问的；一个不好的声音，让大家都喜欢是不现实的。也许有人会说，施教者声音一般，那就借助播放器呗。但播放器选哪个声音才是受教育者喜欢的，谁也没法保证。同时，播放器里那个人物的那种情感也未必一定是受教育者所喜欢的。可见，声音对教育质量来说是一个不稳定的因素，这是有声式家庭教育方式的一个劣势。

有声式家庭教育，无论是说故事，还是讲道理，抑或是唱歌谣，大多都是家庭教育施教者说了算，所选的内容并非都是受教育者所喜欢的，模式或流程几乎都是施教者说（讲）、受教育者听，唱歌谣时会由施教者教、受教育者唱或者两者一起唱，但形式还是略显单一而且固化（期间虽然有双方的交流讨论，但毕竟不是经常的，而且时间也不长）。这样的情况就很容易出现审美疲劳，久而久之产生厌倦感，这是有声式家庭教育方式的另一个劣势。

第二节　无声式家庭教育

无声式家庭教育是相对于有声式家庭教育而言的，是指在家庭教育中家庭教育施教者运用无声的教育方式对受教育者进行教育，帮助他们健康成长，全面发展。无声式家庭教育主要采取除了说故事、讲道理、唱歌谣等有声式教育方式外的方式开展家庭教育，通过施教者提供或创造的条件让受教育者在看、学、做、思等活动中得到教育，进而影响受教育者自身的思想道德、价值观念以及行为习惯等，最终完成家庭教育的目标，实现家庭教育的目的。

无声式家庭教育的施教者一般持有这样的观点：一是"正人先正己"具有强大的说服力。春秋时期季康子问政于孔子，孔子说："政者，正也。子帅以正，孰敢不正？"（政就是正的意思。您本人带头走正路，那么还有谁敢不走正道呢？）汉代桓宽在《盐铁论·疾贪》中说，"欲影正者端其表，欲下廉者先之身"（要想影子正就把个人仪表搞端正，要叫下属廉洁先要自身廉洁）。施教者想将受教育者教育成怎样的人,他自己就先要成为怎样的人。这里怎样的人既可以从整体上说,也可以从某些方面说,只有这样要求自己,才能理直气壮、义正词严地要求别人那样做。正如"打铁还需自身硬",不然打到铁板,铁板没有变形自己却变形了,怎么能将铁打造出需要的样式呢?二是"以身作则"具有很强的引领力。孔子在《论语·子路》里指出,"其身正,不令而行;其身不正,虽令不从"(执政者自身行为正派,没有命令老百姓也会自觉行动;执政者自身行为不正,即使发布命令老百姓也不会听从)。南朝时期宋代的范晔在《后汉书》里提到"以身教者从"(以自己的模范行动教导百姓,百姓就接受你的教化)。西晋哲学家杨泉在《物理论》中说"行之以躬,不言而信"(亲自去做,即使不用去说也能取信于人)。三是受教育者具有很强的模仿倾向。瑞士儿童心理学家皮亚杰在他的研究中指出儿童具有模仿的能力;美国心理学家班杜拉经过大量实验研究,建立了现代社会学习理论,对人的观察行为作出了比较全面而客观的解释:人是有学习活动的,这种活动是通过观察他人在某种特定情境里的行为,审视他人所接受的强化,把他人的示范作为媒介的模仿活动。"模仿是儿童早期发展的主要能力之一,它是儿童在特定文化背景下,从别人那里获得相应行为方式的能力。"[1]

第三节 混合式家庭教育

混合式家庭教育就是指将有声式家庭教育与无声式家庭教育这两种方式搭配起来运用的家庭教育方式。将有声式与无声式家庭教育结合起来使用,刚好避免了单一使用其中一种教育方式所存在的缺陷,相应地形成一种互补,大大地降低了长期使用其中一种教育方式带来不足的风险。

---

[1] 王月嘉,王海静.模仿的理论研究综述[J].太原城市职业技术学院学报,2011(3).

在混合式家庭教育方式中,如何协调好有声式家庭教育与无声式家庭教育的运用机制,即何时用有声式家庭教育、何时用无声式家庭教育、各自运用的时间怎样分配、如何安排两者的使用秩序或同时使用等,这些问题应该结合家庭的实际情况来考虑,如考虑家庭教育施教者的综合素养、家庭教育施教者与其他成员的教育共识与教育协作、受教育者的具体情况等。

第六章
家庭教育应该具有的基本心态

第一节　愿意等的心态

　　愿意等的心态就是指家庭教育中，家庭教育的施教者根据家庭教育、孩子成长、能力形成与提高的规律和孩子及其生活、学习环境的实际情况，接受受教育者的发展变化需要有个过程，而且可能是长时间且充满不稳定性的过程的教育心态。这是家庭教育所必需的良好心态，也是家庭教育施教者必须具备的最基本的理念与精神。有人将家庭教育比作农业工作，家庭教育中的施教者是农夫，受教育者是被栽培的农作物，家庭教育施教者对受教育者的教育就是农夫对农作物的栽培。农田里农作物的生长是有规律的，成长是有个过程的，从种子破土露出地面，由嫩芽、幼苗长成壮苗乃至成熟收获需要一定的时间，甚至是漫长的时间。事实上，这种比喻是很有道理的，受教育者某种思想的形成、某种习惯的养成、某种行为的持续，是有个过程的，不是突然间就形成、养成、出现的；如果这些思想、习惯、行为是有瑕疵甚至是不好的，需要改变乃至清除，这同样需要时间和过程，不可能一蹴而就。因为时间久了，思想、习惯等不仅会固化，而且会渗透到深处，就好像在树干上涂油漆，时间久了油漆会渗入树干内部，入木三分。

同时，要改变乃至清除受教育者这些有瑕疵的思想、习惯、行为也不是一帆风顺的，其中充满"拉锯"式的争持、改变了又恢复原形的多次反复这样的"激烈冲突"。

另外，受教育者的改变大多数是被迫的，不是出于自愿、自觉，难免有怨气甚至有恶语，其改变也是拖拉、迟缓、"一步三回头"式的，如果逼迫急了，也不能保证他们不会跟你"对着干"，你越是要求快改，他们越是慢改；你越是焦急，他们越是拖沓，甚至干脆"破罐子破摔"。改变的确很艰难，我国台湾地区著名电视时事评论员唐湘龙先生对此有精辟的见解："人换衣服，换头发很简单，要换脑袋非常困难。"

所以，家庭教育施教者这个"农夫"如果无视农作物生长的规律、成长需要时间的现实，一味追求生长速度、期盼快速收成，很可能会再闹出新时代的"拔苗助长"的笑话，陷入"欲速则不达"的尴尬，甚至劳而无获。

既然如此，我们作为家庭教育施教者与其承受"吃不了热饭反而被热饭烫着"的风险，不如稍微缓一缓心态，停一停步伐，饭一口一口地吃，路一步一步地走，来个"慢咽细吞"，在时光慢慢流淌里静待花开。

第二节　敢放手的心态

敢放手的心态是指家庭教育中，家庭教育的施教者根据家庭教育、孩子成长、能力形成与提高的规律和孩子及其生活、学习环境的实际情况，相信孩子凭借自己的综合能力可以相对独立或者完全独立地做好力所能及的任务的心态。这是家庭教育所必需的良好心态，也是家庭教育施教者必须具备的理念与精神。如果家庭教育施教者没有敢于放手的思想和胆识，自然就没有相应的行动。一旦家庭教育施教者这样认为，并且这样行动，那么他就会对受教育者干什么都担心，对受教育者的所有事情都过问甚至代劳乃至包办，这样只会让家庭教育施教者一直处于高度紧张甚至焦虑的状态之中，一直会有忙不完的事情，家庭外面的事要忙，家庭里面的事也要忙。长期下来，家庭教育施教者会不堪重负，若一切都顺利，再忙再累可能也乐意；若偶尔有磕碰，甚至诸事不顺，不忙不累也会不乐意。这样的经历、这样的感觉，相信不少的家庭教育施教者都不陌生。不相信孩子，不给孩子空间，这是非常不利的：一方面，家庭教育施教者因为事无巨细全包全揽，会陷入疲于奔命之中，没有精力也没有时间抽身把家庭教育的主要事情做好，所谓"好钢用在刀刃上"，但此时此刻是没办法这样做了；另一方面，受教育者很多能力并非与生俱来的，而是后天形成的，特别是心理承受能力（如情绪控制能力、抗挫折能力、应急处理能力）、生活自理能力（煮饭、做菜、洗衣、简单修整家具）、人际交往能力等，这些能力如果没有家庭教育施教者的放手，或者施教者想放但不敢放手，受教育者就没有办法在后天获得锻炼的机会，能力的形成也就无从谈起。事实证明，很多受教育者无法在能力形成关键时期获得应有的锻炼而最终没有养成必要的能力，是因为家庭教育施教者不敢、不愿放手。如中国青年网2017年5月刊发题为《1/3受访者觉得孩子自理能力差 父母"过度照顾"》的文章，其中提及：中国青年报社会调查中心联合问卷网对2020名受访者进行的一项调查显示，33.4%的受访者觉得现在孩子的自理能力差，63.9%的受访者认为孩子自理能力变差的原因是父母及家人的溺爱；接受采访的上海某小学班主任郑穆琴说，"有些父母溺爱孩子，什么都不舍得让孩子做，生怕磕着、碰着、累着"。

　　因为错过在能力形成关键时期获得应有的锻炼而无法获得应该具备的能力，从而对今后生活、工作带来消极影响的报道也屡见不鲜。如东方网2014年9月刊登题为《年轻夫妻婚后缺乏生活自理能力 日常家务成"难题"》的文章指出，"因为原先在家被父母照顾得无微不至而缺乏生活自理能力，做饭和搞卫生这些必备的日常家务活儿成了一道'难题'"。北方网2011年7月刊登题为《暑假不妨给孩子补补生活能力课》的文章指出,"除非是某一方面的奇才,每个人都需要有独立生活、自我管理的能力。一个才华横溢但缺乏生活自理能力的人,很难说是健康的,也很难在社会上立足。被认为'天才'的少年考入高校后,又因缺乏生活自理能力而退学,这样的案例已非个别"。

为了让家庭教育施教者减轻负担,减少焦虑;为了让受教育者能在能力形成的关键时期有时间和空间去培养那些应该具备的能力,我们还是要"该放手就放手"。作为家长,要督促、教会小辈们养成做家务的习惯,不要越俎代庖,不要样样主动包办小辈的家务活儿,该放手的要放手,即使放不了手也要狠心放手,让其渐渐地能独立自主生活才是家长们最理想的目的。

第三节 容许错的心态

容许错的心态是指家庭教育中,家庭教育的施教者根据家庭教育、孩子成长、能力形成与提高的规律和孩子及其生活、学习环境的实际情况,容许他们在成长过程中犯错的心态。容许错的心态是家庭教育施教者应该具备的基本思想观念和心理状态,这是因为"人非圣贤,孰能无过?"圣人也会犯错,何况一般人,更何况那些还没有长大的受教育者?也因为家庭教育是一个长期的过程,至少经历十几年,而且家庭教育这个过程不是一马平川,而是充满高低起伏的,受教育者在这个漫长又起伏不定的成长历程中难免会犯这样或那样的错误,而且这些错误有时会"你方唱罢我登场",有时会隔三岔五出现,完全没有规律,也不能确定是大还是小。作为家庭教育施教者,如果没有容许受教育者犯错的心态,就很难能坚持下来。如果施教者没有容许受教育者犯错的心态,受教育者稍微犯错就可能会对其揪住不放——追究责任,以儆效尤;分析原因,以免重蹈覆辙;指明方向,助其改正。施教者也有可能会唉声叹气——怜悯其不幸运,埋怨其不争气,怒其不明智。这样持续下去，作为家庭教育施教者，肯定整天提心吊胆，吃不香、坐不定、立不稳、行不远、睡不甜。如果施教者没有容许受教育者犯错的心态，就不会放手让受教育者自己尝试他们渴望做又应该做的事情，这样一来施教者又要对受教育者时时刻刻关怀备至，"眉毛胡子一把抓"，自然会增加自己的负担，导致没有时间和精力腾出力量来抓好家庭教育的重要事情，从而影响家庭教育的计划实施、目标达成；同时，也因为施教者不放手，受教育者也就没有独立锻炼的机会，自然也就错过受教育者后天能力形成的最佳关键时期，没有机会独立行事，就会缺乏应有的经历，就难以积累相关的经验，没有独立行事的经历，也就可能没有犯错后获得的教训……如此一来，后天能力培养也会大打折扣，甚至无从谈起。

法国作家罗曼·罗兰说："人生应当做点错事。做错事，就是长见识。"英国著名的科学家戴维也曾经说过："我那些最宝贵的经历都是失败后得来的。"心理咨询师彭华勇在其博客上的文章《不允许犯错，就是在扼杀孩子的天性》中指出，"相信孩子，在可承受的容错范围内，给孩子一个充裕的空间让他去尝试。我们需要明确的是：试错也是孩子成长路上所必不可少的一个重要环节"。所以，家庭教育施教者应该基于既为自己考虑，也为受教育者考虑的原因，即为己为人，用容错的心态替代以往根深蒂固的不容许受教育者犯错的老观念、旧思想。《战国策·楚策四》曰："见兔而顾犬，未为晚也；亡羊而补牢，未为迟也。"此时此刻，施教者"悬崖勒马"还能来得及，让受教育者有犯错后改正的机会，在知错能改、有错就改的独立行走中培养自己应该获得的能力。

第四节 不比较的心态

所谓不比较的心态，就是指家庭教育中，家庭教育的施教者根据家庭教育、孩子成长、能力形成与提高的规律和孩子及其生活、学习环境的实际情况,不轻易将受教育者和别人(包括自己的兄弟姐妹、亲戚以及他们的同学)作比较(尤其是频繁比较)的心态。比较应该是一种很好的思维和常用的方法或者技巧,"不怕不识货,就怕货比货""有比较才能知优劣",这些大家耳熟能详的俗语能够代代相传,为人们所熟识,就是很有力的说明。在日常管理中,"比较"的使用范围是十分广泛的,使用的频率是相当惊人的:在国家经济监测中,我们每月或者每季度都有与上一年相同时期的对比,如GDP的对比、CPI的对比、国家进出口同期对比等;在企业经营管理中,有生产成本、产品销售、利润增长等方面的对比;在学校教育教学方面,在外部有校际考试成绩对比,在内部有班级之间整体成绩的比较和学科成绩的比较等。

比较在各行各业里大行其道,大受欢迎,广泛应用于对质量、数量变化的了解,管理方法、策略的采用,物品、人才的甄别与选择,但不见得就适合在家庭教育中将这个受教育者与另一个受教育者作比较,或者将自家的受教育者与别的家庭的受教育者作比较。事实上,大多数人是不喜欢拿自己与别人作比较的,无论是自己主动地与别人比较,还是被动地与别人作比较(别人拿自己与另外的人作比较),除非自己已经相当出色,比那些比较对象要出色得多,希望比较后能对自己有利,如获得物质奖励、赢得良好名声、取得高级职位等;否则,能少比较就少比较,最好能不比较就不比较。在教育领域里,受教育者大多处于被动的位置,他们经常不是被拿来跟这个比较,就是跟那个比较,因而对比较更加敏感。在日常教育特别是家庭教育中,经常会有因为家庭教育实施者动辄就将受教育者与其他受教育者比较而引发不愉快的事情发生。轻者,导致施教者与受教育者关系紧张,施教者的教育常被当作耳边风;稍重者,导致受教育者刻意与施教者对着干,施教者要求这样,受教育者偏偏不这样;严重者,受教育者让施教者寝食难安,有的受教育者故意到同学或朋友家或滞留在网吧、KTV里,减少与施教者的相处时间，也有的受教育者决裂地离家出走，这里逗留几天，那里停留几天，让施教者干着急。很多时候，这些冲突因为其他因素的影响而导致意外，甚至引发悲剧，最后让人后悔不已。

可见，"比较"这个思想和方法是一把"双刃剑"：用好了，可以借助它来了解家庭教育实施的优劣，可以帮助受教育者看到自己做得好的一面，自己做得不够的一面，找到努力的方向，也可以让其找到前进的动力；用得不好，可能会因此而引发很多让人意料不到的意外甚至麻烦，"剪不断，理还乱"，让施教者陷入"心力交瘁"的旋涡里，最终筋疲力尽。所以，家庭教育的实施者应该对"比较"有清醒的认识，对"比较"这个思想和方法慎重使用，最好有不轻易比较的心态。

第五节 勿跟风的心态

所谓勿跟风的心态，就是指家庭教育中，家庭教育的施教者根据家庭教育、孩子成长、能力形成与提高的规律和孩子及其生活、学习环境的实际情况，以及既定的家庭教育目标、教育规划等，不轻易改变既定方针、不随便改变已有做法，更不会盲目跟风的心态。这里所说的"风"当然是风气，风气是无处不在的，而且是到处传播的，可以传播到这里来，也可以传播到那里去，就好像流水，哪里低就流向哪里一样。在教育这个领域，特别容易形成风气，也特别容易出现盲目跟风的现象：如到国外留学的风气，入读名校的风气，还有安排受教育者参加各种培训机构的风气，受教育者喜欢也罢，不喜欢也罢；受教育者有需要也好，没有需要也好，别人都去做，我也要去做。

教育领域里的这种风气、这种盲目跟风的情况也蔓延至家庭教育中：一是家庭教育的施教者容易跟风学习其他家庭教育施教者的做法，如人家认为"艺多不压身""艺高人胆大",把受教育者的周六周日安排得满满的,今日奥数、舞蹈,明日美术、英语;我家也不能落后,也把受教育者的周六周日时间塞得严严实实的。二是家庭教育施教者容易跟风学习其他家庭的教育方式、方法或一些所谓的家庭教育家推崇的"舶来品"教育理念、方法,一时是美国的,一时是法国的,一时又是澳大利亚的;别人突出理财教育,我也突出理财教育;他人强调礼仪教育,我也强调礼仪教育;人家推崇严厉教育,我也推崇严厉教育。

家庭教育施教者的盲目跟风,让受教育者苦不堪言:一是平添不少额外的学业负担,原有的课业压力已经很大,现在更是"雪上加霜"。二是平时要应付学校的课业已经很少有自己的时间和空间,现在则根本没有自己的时间和空间,既无法腾出时间、挪出空间有针对性地"扶弱""补缺",根据自己的兴趣发挥特长也都无从谈起、无法实施,弱的依然是弱的,缺的还是缺的,有兴趣的得不到满足,有特长的无法成为特长。道客巴巴和百度文库两个网站先后刊登题为《小学生不堪奥数折磨写信求助 称无周末也无童年》的文章,这在某个侧面反映了家庭教育实施者盲目跟学奥数的风气无意中给受教育者带来了心理和精神伤害。中国教育在线、百度文库等网站都刊登过《给孩子补课带来的伤害》的文章,指出跟风式参加周六周日课外补课会给受教育者带来严重的危害:丢失对学习的兴趣,丧失学习自信心,因学业过于繁重而让身心得不到调整、锻炼,也使受教育者与施教者的沟通受影响。三是不考虑家庭实际情况(教育实施者情况、受教育者情况、家庭背景情况、家庭教育目标),盲目跟风教育,时而严厉教育,时而宽容教育;忽而赏识教育,忽而批判教育,常常让受教育者无所适从,最终一事无成。

为让家庭教育施教者少一些后悔与遗憾,我们倡导施教者应该多一些思辨的思维,多一些坚持力,拥有不随便跟风的心态。

第七章
知己知彼

家庭教育是一项复杂的工作,是一个系统工作,它牵扯到多方的力量,触及多方的利益,如家庭教育施教者、家庭教育其他成员、家庭教育受教育者等。家庭教育的施教者作为家庭教育的掌舵人,只有清楚自己的情况才能扬长避短;只有明白其他成员的情况才能有效借力;只有清楚受教育者的情况才能有的放矢,正所谓"知己知彼,百战不殆"。

第一节 了解自己

古语云:"人贵有自知之明。"老子曰:"知人者智,知己者明。"了解自己很难,了解自己很重要。为人如此,做事亦然。家庭教育施教者要想把家庭教育这项工作做好,首先要了解自己,即"自知""知己"。这个"自己"包含两层含义,一是指家庭教育施教者个人;二是要了解家庭教育施教者的教育团队,如施教者配偶、父母等在一般情况下属于施教者团队的成员。这里只对深入了解施教者自己作简要说明,了解属于施教者团队的成员也可以参照这些方法。

一、借助旁观者来了解自己

"当局者迷，旁观者清"，一是说明了解自己是一件不容易的事情，二是告诉我们了解自己的方法——借助旁观者即别人来认识自己。

那么，如何借助别人来认识自己呢？通常的做法是让旁观者对自己作出中肯的评价，或是让旁观者给自己写一份个人简介，或是让旁观者给自己分别具体地指出优点与缺点。当然，借助的旁观者不是类似抓阄一样随随便便地找一个人，而是找一个熟悉自己的人。在家庭教育中，哪些是熟悉我们的旁观者呢？我们的配偶、父母、兄弟姐妹、关系特别好的亲朋好友等，他们要么与我们朝夕相处，要么与我们交往密切。

为了让这些旁观者更好地帮助我们准确地了解自己，可以提出一些问题予以引导。如"请你就我的性格特点、行为习惯、兴趣爱好、处事方式、语言表达等方面予以评价"，又如"请你说说我这个人的优点与缺点"等。另外，为了提高信息反馈的准确性，我们还要多请几个旁观者对自己作出评价，而且是不能让这些旁观者彼此有交流的单独评价。

二、通过自问自答来了解自己

通过自问自答来了解自己就是围绕家庭教育对家庭教育施教者的基本要求，以自己提问题、自己回答的形式来认清自己作为家庭教育施教者的基本情况。这些问题是家庭教育施教者自己必须弄清楚、搞明白的。

（1）你知道什么是家庭教育吗？

（2）家庭教育重要吗？主要体现在哪里？

（3）家庭教育的基本原则有哪些？

（4）家庭教育的基本内容有哪些？

（5）家庭教育的常见类型有哪些？

（6）家庭教育有哪些常用的方式与方法？

（7）家庭教育与学校教育是什么关系？

（8）家庭教育施教者应该具备哪些素养？

（9）家庭教育施教者应该具有哪些良好心态？

（10）家庭教育施教者有怎样的家庭教育目标？

（11）家庭教育施教者具有哪些良好的行为习惯？

（12）家庭教育施教者具有哪些不良行为习惯？

（13）家庭教育施教者认为受教育者应该具有哪些优秀品质和良好行为？

（14）家庭教育施教者最不能容忍的行为有哪些？

（15）对家庭教育家有深刻影响的人物或故事，作为家庭教育施教者的你知道多少？

（16）其他家庭成员对家庭教育认识到哪种程度？家庭教育素养如何？

（17）家庭教育施教者有哪些兴趣爱好？这里面又有哪些是有助于家庭教育开展的？

（18）作为家庭教育施教者，你会不会一想到自己的受教育者（孩子）就感到很开心？

（19）作为家庭教育施教者，你是否清楚受教育者（孩子）的优点与缺点？

（20）作为家庭教育施教者，你经常留意家庭教育方面的资讯吗？通常会留意哪方面的资讯？

家庭教育施教者就这 20 个问题逐个认真回答之后就可以基本对自己有个清楚的了解，在家庭教育基本常识、个人优缺点（包括思想、习惯、行为）、与家庭成员（包括受教育者——孩子）的关系等方面都可以看出优点与缺点，为今后在家庭教育中如何准确地发挥自己所长、尽力避开自己的短处、及时补充提高自己提供重要的参考。

三、借助测量表来了解自己

借助测量表来了解自己也是常用的方法，常用的测量表一般有三种，具体见表7-1至表7-3。

表7-1 对家庭教育的整体认识情况（在空格处打"√"）

项目	基本认识或态度				
家庭教育的地位作用	很重要	重要	一般	不清楚	不重要
家庭教育对学历的要求	高要求	中要求	低要求	不清楚	不要求
家庭教育与学校教育的关系	很密切	密切	一般	不清楚	不密切

表7-2 家庭教育施教者个人情况自我认识（在空格处打"√"）

项目	基本态度或要求				
思想	开放	开放保守兼具	不稳定	不清楚	保守
观念	先进	不先进不落后	不稳定	不清楚	落后
性格	不急不慢	慢性	不稳定	不清楚	急性
习惯	优秀	良好	一般	不清楚	不好
情绪控制	很强	强	一般	不清楚	弱
行为（行动）	迅速	时紧时慢	不紧不慢	不清楚	缓慢
态度	重视	严肃	不严肃	无所谓	忽视

注："不稳定"是指容易变化或波动，特别容易受外界影响。

表 7-3　家庭教育施教者对家庭教育基本理论知识的认识（在空格处打"√"）

项目	基本认识或态度				
家庭教育基本原则	很了解	了解	基本了解	说不清	不了解
家庭教育基本内容	很了解	了解	基本了解	说不清	不了解
家庭教育基本类型	很了解	了解	基本了解	说不清	不了解
家庭教育基本方式	很了解	了解	基本了解	说不清	不了解
家庭教育基本方法	很了解	了解	基本了解	说不清	不了解
家庭教育应有心态	很了解	了解	基本了解	说不清	不了解
家庭教育著名人物	较了解	了解	一般	说不清	不了解

附：测量表格使用的有关说明。

（1）项目分值的计算与含义。

表 7-1，不重要、不要求、不密切均为 0 分，不清楚 1 分，一般、低要求 2 分，很重要、高要求、很密切（重要、中要求、密切）3 分，6 分以上表示对家庭教育整体认识较好，5 分以下说明应加强学习，进一步深入了解家庭教育。

表 7-2，保守、落后、急性、不好、弱、缓慢、忽视 0 分，不清楚、无所谓 1 分，不稳定、一般、不紧不慢、不严肃 2 分，开放保守兼具、不先进不落后、慢性、良好、强、时紧时慢、严肃 3 分，开放、先进、不急不慢、优秀、很强、迅速、重视 4 分。18 分以上表示家庭教育施教者个人具有良好的思想情感基础，15 分以下需要加强思想情感方面的提升。

表 7-3，不了解 0 分，说不清 1 分，基本了解、一般 2 分，了解 3 分，很了

解、较了解 4 分。18 分以上表示家庭教育施教者对家庭教育基本理论掌握较好，13 分以下表示需要在家庭教育基本理论方面加强学习。

（2）表格的使用建议。表格的使用可以单独使用，也可以联合使用。无论单独使用还是联合使用，在填写表格时，建议不要作过多的思考，而是在随意之间作答。这样类似无意识下的回答才是正常状态及常态的反应。

（3）填写完毕后的处理。完成表格测试，请参照分数用简要的语言将自己的情况作出具体的描述。

示例 1：

李明，思想比较保守，对新生事物具有较强的抗拒意识，特别钟情于中国古代的家庭教育理念，对于西方的家庭教育理念持怀疑的态度；为人性格平和，态度和蔼，具有较强的情绪控制力，具有良好的行为习惯，几乎没有不良嗜好，做事比较认真而且果断，但略固执。对家庭教育比较重视，认可家庭教育与学校教育一样重要，对家庭教育的经典故事与著名人物有较深了解，但对家庭教育的基本原则、基本方法和应有心态认识肤浅。

示例 2：

王力，思想比较保守，对新生事物有抗拒意识，对西方家庭教育理念、方法持一定的怀疑态度，行动上有略固执的特点，对家庭教育的基本原则、方法、应有心态方面了解较少。

四、内省法

内省法就是指家庭教育施教者对自己的思想、观念、感受、动机以及行为历程作出深入思考，从而对自己的思想、观念、行为等作出审视，发现优势与不足，然后有针对性地改进或提升。

内省法在家庭教育中的运用，一般是围绕家庭教育的思想、观念、目的、目标以及方式、方法去审视，通常在家庭教育的实施前、实施中运用，前者是"未雨绸缪"的环节，后者是"承前启后"中的步骤，各有侧重。具体操作可以参照以下模式。

（一）施教者在家庭教育实施前的自我了解

关于"我"的思想情况：如对电视剧《虎妈猫爸》中的教育方式、方法产生怎样的思考，"我"的思考是否符合当前家庭教育的主流思想？对颇为惹人关注的一些家庭掀起背诵《三字经》《弟子规》等的做法"我"有何感想？对一些家庭热衷于照搬照抄古代经典家训的做法"我"是否认同？"我"会如何思考自己的家庭教育？在家庭教育中，"我"的父母是如何教育"我"的？

（二）施教者在家庭教育实施中的自我了解

未上学的小孩总是拿"我"的手机玩弄，先劈头盖脸批评了一顿，小孩哭了又马上想方设法"讨好"，让他停止哭喊，这个方法好不好？几天前为严格执行家庭教育计划，因爱人的干涉而拌嘴了，"我"的处理是否合适？

这样自问自答地对已经发生的事情，包括想法、行为进行审视，虽然零碎，但也是了解自己的一个常用且很有效的办法。

第二节 了解受教育者

一般来说，家庭教育的组织者就是家庭教育的施教者；家庭教育的年幼者就是家庭教育的受教育者，是施教者的工作对象。战争要了解敌人，比赛要了解对手，教育要了解学生，家庭教育就要了解受教育者这个对象。如果对受教育者这个对象了解不够，甚至根本没有了解，那么这样的家庭教育就是"乱弹琴""胡闹"，其结果就是施教者白费力气瞎忙，受教育者浪费时间空等，前者是白费心机，后者是白首空归。

家庭教育施教者要想避免劳而无获，必须要对受教育者有深入准确的认识，要对受教育者的优与劣、长与短、爱与憎等一清二楚。只有这样，施教者才能在家庭教育中做到有的放矢，"言教"能点中其"软肋"，"身教"能牵住其"鼻子"，让受教育者心甘情愿地接受教育。

一、了解受教育者的主要内容

施教者要了解受教育者的哪些内容呢？了解并不是越多越好，不是说"眉毛胡子一把抓"——全部都要。这既不可能，也没有必要。施教者要了解的受教育者的内容主要包括其思想品质、性格特点、情感控制、行为习惯、个人喜好、交朋结友等方面的情况。

二、了解受教育者的主要方法

（一）观察了解法

观察了解法也叫直接了解法，是指家庭教育施教者在日常生活中通过观察去了解受教育者的方法。施教者对受教育者进行了解时，中间没有传递者，因而几乎没有任何的信息遗漏，能保证施教者最大限度地获得受教育者的信息。

1. 观察的内容

施教者观察受教育者主要侧重于对受教育者外在呈现的观察，如行为、习惯、情绪、喜好等。如入学前的受教育者提出要购买某种玩具被父母拒绝时的情绪变化与行为表现；已经入学长时间接受学校教育的受教育者因为犯错被学校批评后的情绪变化与行为表现；已经进入学校接受教育较长时间的受教育者的生活习惯等。

2. 观察的方法

施教者观察受教育者的方法就是施教者在日常生活和特定时间与场合里凭借自己的眼睛去看受教育者的一举一动。通常做法就是施教者近距离地看受教育者的举止，如在家庭里留意受教育者在家的各种表现，做家务、学习、休息、娱乐、饮食、待人等；在家庭外关注受教育者的运动、休闲、交友、处事等。可以是随意的留意，想到什么就看什么；也可以是有意的留意，先拟定要了解的范围，然后对照着去观察。

（二）间接了解法

1. 借力了解法

借力了解法就是家庭教育施教者借助其他力量对受教育者进行了解的方法。在家庭教育中能够帮助施教者了解受教育者的力量主要来自家庭的其他可能参与家庭教育的人员，如施教者配偶、父母等；在受教育者入学以后，学校的教师也是重要的借力对象。

借力了解法的具体做法就是施教者主动请这些人提供受教育者的有关信息——施教者没有办法看到的受教育者的各种表现，如言语、行为、情绪、习惯等。施教者可以以提问的形式请这些对象予以协助，也可以专门就其中的一个或几个问题请这些人员予以协助。请受教育者的老师帮助时应该事先考虑好要去了解哪些情况，要事先与老师联系好。

2. 家庭会议法

家庭会议法就是以家庭会议的形式，让家庭中的参与家庭教育的其他成员或各抒己见或专门围绕受教育者的性格特点这个话题进行交流讨论，总结出受教育者的基本情况。

通过家庭会议法了解受教育者的情况，可以定期召开会议，也可以不定期召开会议。但无论哪种方式，施教者必须做到每次的会议都要做好精心准备，准备不足就不要召开。

第八章
深思远虑

深思远虑的意思是计划周到，具有远见。家庭教育作为一种教育，时间跨度大、周期长，长者从受教育者出生到成家立室、为人父母，基本上都要超过二十年；短者从受教育者出生到其完成高中阶段学习，基本上也有十七八年。而且这样时间久远的家庭教育的施教者和受教育者都不是专职的，在开展教育与接受教育的同时还有其他的事情，这样就会对家庭教育的开展带来不定期、不定量的干扰。基于这种情况，家庭教育必须要深思远虑。

第一节 家庭教育的规划及编制

家庭教育要深思远虑，这是毋庸置疑的。那么，深思的是什么？远虑的又是什么？从整个家庭教育来看，它的时间跨度大，又有其他事情不定期、不定量的影响，为保证工作的顺利开展必然要好好规划；从家庭教育的内容来看，它涉及思想、道德、行为、习惯等多方面，而且这些内容在不同阶段的侧重又有所不同，为把这些内容科学地安排好，也必须要好好规划。

一、家庭教育规划的基本内容

家庭教育规划是一种规划书，是在宏观方面对家庭教育作出科学、周密、系统的思考与安排，是整个家庭教育的"纲领性文件"，对整个家庭教育的开展起到一个宏观层面的指引、规范、约束的作用。

家庭教育规划书一般包括这些内容：家庭教育的环境（内部与外部环境）、指导思想、主要目标与阶段性目标、工作任务（整体任务与阶段性任务）、工作策略、工作内容、组织管理、经费投入、工作实施等。

示例：××家庭的家庭教育规划

一、家庭教育的环境

（一）内部环境：夫妻恩爱、关系密切、彼此尊重、相互理解，对家庭教育高度重视，在家庭教育的认识、理念等方面有深刻认识而且比较接近，对家庭教育的基本原则、方式、方法比较有研究；其他家庭成员也重视家庭教育，比较理解、支持家庭教育施教者的理念与行动。

（二）外部环境：经济发展、社会进步，人们对家庭教育越来越重视，政府层面陆续公布有关家庭教育的通知、指南，学校方面十分重视与家庭的联系，有开展家庭教育的相关活动；网络上也有各种各样的家庭教育研究和论坛。

二、指导思想

第一，以《教育部关于加强家庭教育工作的指导意见》《全国家庭教育指导大纲》等文件中关于家庭教育有效开展的精神为指导思想，如"明确家长在家庭教育中的主体责任""严格遵循孩子成长规律"；第二，要坚持以人为本，遵循教育规律，面向社会、面向未来的理念；第三，要充分认识家庭是受教育者的第一所"学校"，父母是受教育者的第一任"教师"，父母要率先垂范；第四，要确保家庭教育抓早、抓好、抓实，要体现科学性和艺术性，追求家庭教育的优质高效；第五，家庭教育要思想统一、步调一致，这既是对家庭内部而言，也是对家庭与学校的配合而言。

三、工作目标

思想健康、品质优秀、体格健壮、习惯良好、能力综合而且出众，能满足社会主义现代化建设需要的优秀人才。

四、工作任务

（一）入学前的家庭教育任务

结合0～3岁受教育者的身心发展特点，重点做好六个方面工作：培养良好的卫生习惯，增强体质；建立生活规则，帮助养成良好的生活行为习惯；加强感知训练，提高感官能力，预防伤害；关注需求，激发想象力和好奇心；提供言语示范，促进语言能力发展；加强亲子沟通，养成良好情绪。

（二）入学后的家庭教育任务

1. 4～6岁的家庭教育任务

结合4～6岁受教育者的身心发展特点，重点做好六个方面工作：加强体育锻炼；培养良好的生活、卫生习惯；抓好安全教育，提高生命意识和自我保护能力；培养良好的人际交往能力和乐于、善于与人交往的习惯和品质；增强社会适应能力，培养抗挫折能力；增加受教育者的感性知识，激发其早期智能。

2. 7～12岁的家庭教育任务

结合7～12岁受教育者的身心发展特点，重点做好八个方面工作：培养良好的饮食习惯、卫生习惯和作息习惯；建立热爱生命、珍惜生命和呵护生命的意识；培养居家出行的自我保护知识及基本的生命自救技能；提高生活自理能力，养成生活自理的习惯；培养劳动观念和合理花费的习惯；懂得并践行感恩父母、诚实为人、诚信做事的精神；培养良好的学习习惯和学习兴趣；培养积极乐观、乐于挑战、不惧困难的精神。

3. 13～15岁的家庭教育任务

结合13～15岁受教育者的身心发展特点，主要做好六个方面工作：开展适时、适当、适度的性别教育；适时进行伦理道德教育；借助信息素养教育，引导受教育者正确使用各种媒介；强调学习过程，促进快乐学习；突出尊重和信任，形成良好的亲子沟通；培养正确的学业观，尊重自主选择。

4. 16～18岁的家庭教育任务

结合16～18岁受教育者的身心发展特点，主要做好六个方面工作：树立积极健康的心态，尽快适应学校的新生活；正确与异性交往；勇于担责，学会合作，学会分享；开展法制教育，做知法、守法的公民；树立理想信念，对未来能合理规划；树立自信心，能以平常心对待升学。

五、保障措施

（一）家庭教育施教者及其他家庭教育参与者应适时自觉加强家庭教育方面的学习提高，努力掌握先进的家庭教育理论知识与技能。

（二）齐心协力努力创设良好的家庭教育氛围，加大家庭教育方面的精力投入和经济投入。

二、家庭教育规划的编制原则

（一）立足现实与展望未来相结合

家庭教育规划是家庭教育实施的重要指引，需要以社会现实、家庭的实际作为基础，社会现实状况、家庭实际情况决定了家庭教育的发展趋势以及所能达到的层级，没有了社会现实与家庭实际的支撑，家庭教育无疑是"空中楼阁""无本之木"。家庭教育是为未来培养人才的一项工作，必须要考虑未来对人才的要求，如果不结合未来发展的需要就很可能让培养的人才陷入不适合甚至不能用的尴尬境地。所以，家庭教育规划必须做到立足现实与展望未来相结合。

（二）统筹全面与突出重点相结合

家庭教育涉及的时间长、内容多，必须要对不同的时期、阶段都有充分的考虑；如果某些时期、阶段有所偏颇就可能会影响工作安排的科学性和合理性，以致影响整个家庭教育的计划实施；如果某些内容有所缺失可能对家庭教育内容涵盖出现不全面，从而影响受教育者的全面发展。家庭教育时间长，有不同时期与不同的阶段，不同的时期、阶段有不同的重点，如果没有重点，很可能会出现平均用力，没有办法把主要工作特别是关键工作做好；同时，受教育者在全面发展的基础上要有特色发展，这个特色就是重点，如果没有重点，家庭教育培养的受教育者就可能陷入"千人一面"的怪圈，在未来因缺乏特色而影响竞争力。基于这样的情况，家庭教育规划必须坚持统筹全面与突出重点相结合。

（三）宏观规划与微观操作相结合

家庭教育涉及大约二十年的时间，不同的时间段又有不同的工作内容，家庭教育规划必须从整体和宏观上予以谋划；每个时期、每个阶段都有对应的工作要落实，这实际是部分与细微方面的要求。所以，既要有宏观的、总体的发展规划，起到长期的指引作用，又要有微观的操作布置，阶段性的各项工作中都能体现具体的实践要求，保证规划顺利实施。

第二节　家庭教育的计划及制订

家庭教育的深思远虑既体现在家庭教育规划的编制上，也体现在家庭教育计划的制订上。家庭教育规划是从宏观层面、整体角度对这二十年左右的家庭教育作出规划，更多的体现指引性，而家庭教育计划则是从微观层面、局部角度对家庭教育作出规划，更多的突出操作性。

一、家庭教育计划的基本内容

家庭教育计划的基本内容主要包括指导思想、工作目标（总体目标、具体目标，以及做到什么程度）、具体工作（做什么）、保障措施（怎么做）、落款与时间等方面。

二、家庭教育计划的基本类型

计划，按不同的标准有不同的分类。家庭教育也一样，这里只从时间与详细程度上简单介绍家庭教育计划的分类。

（一）按时间分类

家庭教育涉及的时间比较长，有不同的阶段，家庭教育的这个特点决定了它首先要有阶段性的教育计划，根据阶段划分来制订教育计划是比较常见的做法，如0～3岁家庭教育计划、4～6岁家庭教育计划、7～12岁家庭教育计划、13～18岁家庭教育计划。其次，每个阶段的计划又必须分解成一年一年的计划，于是又有了家庭教育年度计划；同理，家庭教育年度计划，又要分解成每月家庭教育计划或者是每周家庭教育计划。

（二）按详细程度分类

按照计划的详细程度来分，家庭教育计划可以分为详细计划、简要计划和要点式计划三种。

三、家庭教育计划的制订

（一）基本原则

1. 客观性原则

客观性原则就是指制订家庭教育计划时要基于自己家庭的客观实际去考虑。如家庭教育计划的目的或者目标要基于自己家庭的实际情况去制定，不能基于某种心理需要去确定；在家庭教育中安排的内容、使用的方式和方法也一样，要充分考虑自己家庭的施教者的综合能力、时间、精力等，不能追求时尚或者贪大求全。

2. 实用性原则

实用性原则就是指家庭教育计划要体现适合自己家庭教育的实际需要，能帮助家庭教育施教者有序开展家庭教育的一系列工作，能够帮助家庭教育受教育者在有关方面得到有效的提升。如家庭教育计划中的安排是科学、合理的，家庭教育施教者是比较容易执行的，家庭教育中对受教育者的各种要求在施教者的帮助下是比较容易达成的，家庭教育计划中选择的教育方式、方法符合施教者当前的能力层级，不需要再另外抽出时间、耗费精力去熟悉、提升。

3. 简单性原则

简单性原则就是指家庭教育计划的制订一定要简单、容易，包括整个计划的制作流程或者过程是简单的，计划的呈现形式和实际执行操作是简单的。这个原则基于两方面的考虑：一是考虑到家庭教育施教者的文化水平因素，毕竟不是每个家长都具有高学历，很善于制订各种计划；二是开展家庭教育以及执行家庭教育计划不是家长的专职工作，是他们在工作、生活之余所做的事情，他们大多都有自己的本职工作。家庭教育计划的制订及其本身如果是非常复杂的，就会让大多数家长勉为其难，这是很不妥当的。

（二）基本步骤

（1）召开家庭会议进行环境分析，学习家庭教育规划，根据家庭教育规划、家庭教育阶段的实际拟定教育目标。以制订 0～3 岁家庭教育计划为例，初步研究其教育目标可以确定为培养良好卫生习惯、生活习惯、语言感官与表达能力、健康情绪等几个方面。

（2）对拟定的目标进行讨论分析。目标要明确、具体、可行和可以量度。讨论分析发现，这些目标是明确、具体、可行、可以量度的，如良好的生活习惯、健康的作息习惯、卫生习惯，以及优秀的口头表达能力等都是看得见、能训练的。

（3）根据工作目标，讨论制订明确、具体、可行的工作方案，确保目标最大限度地达成。以制订 0～3 岁家庭教育计划为例，围绕如何让受教育者养成良好的生活习惯，提出几个方案：一是加强教育，千叮咛万嘱咐；二是做好示范引领；三是及时批评教育甚至惩罚；四是手把手地教，每天重复落实。经反复讨论研究，发现一、三方案很难执行，3 岁前小孩很难听明白、记得住；二、四方案应该可以尝试，比较符合这个阶段的心理特征。为了达成以上良好生活习惯这个目标，家庭教育可以明确相应的任务，如每次给小孩吃东西前帮助其洗手、抹脸，吃完东西也帮助其洗手、抹脸，规定吃多少次就要做这样的动作多少次。

（4）达成共识后拟写初稿，重新审阅，最终定稿。

四、家庭教育计划的管理

家庭教育计划虽然不能与行政机关、事业单位、企业公司等的计划相提并论，但也是家庭教育工作的指导性"文件"，是有序、高效地开展家庭教育的重要保障，基于这样的认识，家庭教育计划也应做好日常管理。

通常做法：一是将家庭教育计划放（挂）在专门的显眼地方，开展教育前要翻一翻、看一看，严格按照其中的要求开展教育。二是每天或每周找出专门时间将已经完成当天或本周的家庭教育目标与计划对照，了解落实情况，分析是否存在问题，要及时找其他家庭成员讨论分析，作出调整。三是计划实施完成后应该有简单总结，归纳优点与缺点，找出原因，为下一年（月）的计划编制或执行提供借鉴，避免重蹈覆辙。

第九章
建章定制

"国有国法，家有家规""依法办事，按章行事"，这些大家耳熟能详的词句告诉我们：管理也好，做事也好，都必须有法有规，必须依法依规。只有这样，国家、社会和集体等才会有秩序，工作才能有条不紊，生活才能井然有序，学习才能循序渐进。家庭教育也一样，有规矩才能成方圆。

既然家庭规则如此重要，那么，怎样制定规则？家庭应该有哪些规则呢？

第一节 家庭规则的制定

一、家庭规则的制定原则

家庭规则作为一个家庭里的全体家庭成员都要遵守的规则，应该获得家庭绝大多数甚至全体成员的认可，是家庭成员的各自认识在一定条件下或在某种程度上的求同结果。而求同结果的出现需要遵循一定的原则，否则就无法求同，更无法获得全体成员的认可、遵守。

家庭规则的制定必须遵循以下几个原则。

（一）家庭利益第一的原则

家庭作为每个家庭成员的"归宿地""避风港"，它必然受到每个家庭成员的高度重视，这个"归宿地"好，这个"避风港"美，他们也会获益匪浅，如心情舒畅、精神爽朗；这个"归宿地"坏，这个"避风港"差，他们也会深受其害，如心情焦虑、精神压抑。家庭规则如果不能保证家庭建设往积极方向发展，就是间接地不能保证这个家庭中的成员能够获得积极发展，这样的家庭规则是没有人认可与接纳的，求同的结果也是不可能出现的。所以，家庭规则的制定必须遵守家庭利益第一的原则。

（二）一视同仁的原则

家庭规则是用来维护家庭秩序、保障家庭健康的，每一个家庭成员都必须遵守这些"法规"。如果这些"法规"是因人而设，存在保障某一部分人的利益，同时又限制甚至损害另一部分人的利益的情况，那么这些"法规"是无法获得全体家庭成员共同遵守的，也无法给家庭的积极发展带来应有的积极作用。获得公平、公正的对待是每个人的渴望，如果在家庭教育规则的制定上能遵循一视同仁的原则，能在一定程度上满足每个家庭成员渴望获得公平、公正的心理需求，这样的规则一定会被高度认可，被努力遵守。

（三）人人参与的原则

家庭是大家的家庭，维护家庭正常秩序、建设美好家园是每一个家庭成员的共同责任。"群策群力"是他们参与维护家庭正常秩序的重要体现，也是那些用来维护家庭正常秩序、保障家庭成员合法权益的家庭规则更加科学合理的有力保障。基于这样的前提，家庭规则的制定必须要发动"群众"，让每一个家庭成员都参与进来，或是贡献规则，或是对别人拟定的规则提宝贵意见。

（四）合乎实际的原则

我国历来重视家庭教育，从来不缺乏优秀的家庭规则；国外教育发达的国家，也十分重视家庭教育，有很多富有影响力的家庭规则。但这并不是说，我们的家庭可以随便"顺手牵羊"地借用甚至全盘照抄，全盘采用，毕竟你的家庭是你的家庭，跟他们的家庭是不一样的，哪怕是优秀得不得了的家庭规则也不见得就适合你的家庭。类似全盘照抄地运用别人的规则最终导致"水土不服"的情况几乎随处可见，导致家庭管理极度混乱、矛盾重重。只有结合自身实际，充分考虑家庭成员、家庭环境等实际情况制定出来的规则才是最好的规则。

（五）简单可行的原则

家庭规则是用来执行的，要执行得好，其中的重要因素是容易让执行者、遵守者看得明白、记得牢固、执行得了。具体为：家庭的规则不宜过多，五条为宜；每条家庭规则的内容不能过泛，要具体明确，坚决不能有歧义；每条家庭规则的表述尽量要简洁，字数不能过多。

二、家庭规则的制定步骤

（一）调查了解

调查是了解情况、发现问题、找到原因、获得方法的重要途径，广泛应用在各个领域、行业，大至国家治理，如经济管理、文化建设、教育改革等，小至百姓生活，如微信群、QQ群以及广场舞蹈队的管理。为广泛准确掌握家庭规则的海量信息、具体了解家庭成员关于家庭规则的思想动态、提高家庭规则的科学性，在制定家庭规则前应做好相应的调查。

（二）征求意见

广开言路、采纳良言是我们祖先留下的法宝，家庭是大家的家庭，制定规则应该大家参与，广泛听取意见、征集建议是应该的做法。家庭的构成，有前辈，有同辈，还有晚辈，前辈作为家庭教育的过来人，他们见多识广、经验丰富；同辈因为阅历、经历、视角的不同，会有不同的思考与发现；晚辈虽小，但也有自己的见识与看法。集思广益能够汇聚各种思想、观点，能保证意见的广泛性和代表性。

（三）讨论分析

讨论分析是制定规则的必经过程，既是对收集起来的各种信息的去粗取精、去伪存真，也是对筛选过的信息进行再加工，更是对重新处理过的信息进行各种情况的分析，如适合度、可行性、影响力等，是最终定案的重要环节。

（四）定案编制

召开家庭会议，最后"表决"落实作为规则的内容，反复斟酌文字的表述，避免出现歧义、产生矛盾、存在重复等问题，最后以简明扼要、言简意赅的形式固定下来，成为家庭全体成员都必须知晓和遵守的家庭规则。

三、家庭规则示例

（一）××家庭4~6岁阶段的家庭规则

（1）在受教育者出现的场合不使用手机及其他电子产品。

（2）不做有违文明、缺乏教养及危险的举动（包括语言与行为）。

（3）个人要养成讲卫生的习惯，家庭要保持卫生整洁。

（4）个人做事要认真负责、尽心尽力、努力追求完美。

（5）人人要养成读书、看报以及分享的习惯。

（二）××家庭7~12岁阶段的家庭规则

（1）在受教育者面前不使用手机（接打电话除外）及其他电子产品（含电子书）。

（2）齐心协力创造一个能引领受教育者健康成长的良好家庭环境（侧重避

免影响学习、生活、情绪、精神）。

（3）和受教育者一起共读一本书，每周至少进行一次与受教育者分享的读书交流活动。

（4）个人做事要认真负责、尽心尽力、努力追求完美。

（5）在就餐时不能讨论受教育者的学习、考试等问题。

（6）每周聆听一次受教育者在校的情况介绍，每周向受教育者介绍一次自己在单位的趣事、乐事。

（三）××家庭13~15岁阶段的家庭规则

（1）在受教育者出现的场合不使用手机（接打电话除外）及其他电子产品（含电子书）。

（2）不做有违文明、缺乏教养及危险的举动（包括语言与行为）。

（3）家庭决定重要事情要召开家庭会议讨论。

（4）做事要认真负责、尽心尽力、努力追求完美。

（5）举行家庭成员每周工作（学习）乐事、趣事分享会。

第二节　家庭教育中的基本规则及其运用

一、家庭教育施教者及其他施教参与者要遵守的规则

家庭教育是一个漫长的过程，里面牵扯的情况、涉及的内容纷繁复杂，要确保家庭教育的顺利开展，如期保质地达到预期的目标，家庭教育施教者及其他施教参与者必须遵守以下基本规则。

（一）集中讨论的规则

家庭教育是一件大事情，重大事情应该慎之又慎，无论是家庭教育的规划，

还是家庭教育的实施，只要是家庭教育的重大事情都应该正式、非正式地召开家庭教育会议，经过家庭教育施教者们（包括核心施教者、其他施教参与者）的个人陈述、彼此聆听、互相讨论、反复研究、达成共识等环节。绝对不能出现"脑袋发热""拍脑袋"情况下的独断专横行为。

（二）一人为主的规则

家庭教育的实施一般情况下都是由一个施教者作为核心负责人，全权负责家庭教育的日常工作。但是，实际上在不少的家庭里面会出现这样的情形：施教者在开展施教工作时，往往会有家庭的其他施教参与者有意无意地"横插一杠"的意外情况。这种情况的出现，如果突然加入的其他施教参与者和施教者是"同伙"还没什么问题，如果与正在开展工作的施教者不是"同伙"而是"异伙"的，那就麻烦多多。受教育者会趁机抓住有利契机借力与施教者"周旋""硬撑"，导致教育效果大打折扣；会给受教育者错误信息："大人们没有想好就来教育，喜欢怎样就怎样""思想都不统一，我究竟听谁的？"

为了避免以上情况出现，家庭教育施教者之间必须要达成共识，家庭教育一般情况下以一人为主，其他施教参与者没有事先征得同意的前提下不能随意参与到正在进行的教育中，也不能私下另外对受教育者开展教育。

（三）坚决执行的规则

家庭教育施教者对受教育者的各种教育要求都是经过家庭教育施教者们反复研究讨论确定的，在对受教育者实施家庭教育时，必须落实坚决执行的原则，不能随便调整甚至终止。如为培养受教育者自己的事情自己做的习惯，有些家庭教育施教者（父亲或母亲）看到受教育者的行动过于缓慢或质量难于保证就把规则抛诸脑后，从中予以协助或越俎代庖。这种做法会对受教育者带来很大的危害：一是剥夺了受教育者坚持到底的锻炼机会；二是无意中培养了受教育者遇到困难,特别是与困难僵持时容易依赖他人的意识与习惯。对家庭教育管理也会带来干扰,这次没有严格执行,下次可能也不会严格执行,次数多了就会变成常态,成为习惯。

（四）科学施教的规则

家庭教育是一门教育,有着相应的规律;家庭教育要经历漫长的历程,需要时间的支撑;受教育者的教育转变不是一蹴而就,而是有一定的规律、需要一个过程。基于这样的情况,家庭教育施教者们（核心施教者和其他施教参与者）不能急于求成,不能罔顾规律,必须严格遵守科学施教的规则,需要放平心态就放平心态,需要时间等待就耐心等待,需要反复教育就耐着性子去教育。

（五）齐心合力的规则

家庭教育作为一门教育,必须要彼此齐心、多方合作。一方面,家庭教育施教者不是全能选手,毕竟"尺有所短,寸有所长",没有能力对受教育者进行全方位的教育;另一方面,家庭教育施教者精力、时间有限,不能全天候围着受教育者开展"饱和攻击"式的教育。另外,受教育者总是会特别偏好某些家庭成员,特别乐于接纳其意见与建议。家庭教育中的这些特点,决定了家庭教育施教者之间必须齐心协力、团结合作地一起行动,才能把工作落到实处,把受教育者教育好。

二、家庭教育受教育者要遵守的基本规则

家庭教育开展得怎么样,影响的因素很多,首先是家庭教育施教者有着不可推卸的责任,其次是受教育者有着不能忽略的影响。论态度、论行动,家庭教育施教者大都是开展家庭教育的倡议者、实施者,处于主动位置,一般地说是没有问题,不用担心的;家庭教育的受教育者是家庭教育实施的对象,是家庭教育思

想、理念、行为的接纳者,处于被动位置,大多数是有问题的。为了让家庭教育更好地开展,施教者在千方百计寻找有效的方式、方法的同时,必须制定有关规则让受教育者积极主动配合。

(一)提前告知的规则

家庭教育施教者对受教育者开展教育的同时,学校也在对受教育者开展相关的教育或有教学方面的课外任务,受教育者同时接受来自两个不同方向的教育任务,可能会出现这样或那样的困难或者有特殊情况,需要暂时中断家庭教育或者延迟家庭教育的开展等。为避免误会和引发矛盾,受教育者可以提前对施教者予以说明。其基本流程见图9-1。

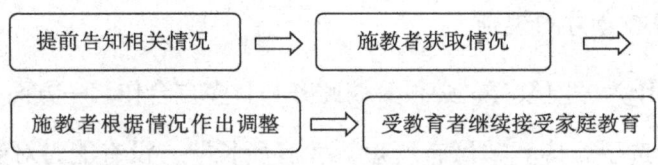

图 9-1 家庭教育受教育者提前告知基本流程

例如,受教育者因要在课余时间参加社会实践活动,周五离校回家前已经私下约好同学一起到图书馆做义工(在确定参加前来不及与家里沟通),受教育者应该当天回家后马上告知家庭教育施教者(父母任何一方),以免因没有及时告知而在时间上发生冲突。

再如,受教育者周六周日等闲余时间外出参加各种活动,事前都要跟家庭教育施教者报告,至少要让家里知道受教育者去哪里,跟哪些人一起,其中可以联系的朋友或同学是谁,联系电话是什么号码,什么时候回家等。以便有突发情况发生时能够联系到,能及时提供必要的帮助。

(二)事后申诉的规则

家庭教育施教者对受教育者开展相关的家庭教育工作是家庭的集体决定,受教育者如果对施教者提出的教育要求、采取的教育方式方法等有异议，可以提出自己的要求。但是，为保证家庭教育的顺利实施，受教育者一般情况下只能够在施教者完成有关教育工作之后提出自己的合理要求，不能在施教者正在实施家庭教育期间突然提出，更不允许持续、无理闹情绪，影响施教者实施家庭教育。其基本流程见图 9-2。

图 9-2　家庭教育受教育者事后申诉基本流程

例如，施教者因受中央电视台《经典咏流传》栏目中 4 岁小男孩能够熟练背诵《弟子规》、随口背诵《唐诗三百首》影响，要求自己家里的受教育者诵读《弟子规》。受教育者对此不是很认同，受教育者不能在施教者教读《弟子规》时直接拒绝或以其他不配合的形式，如沉默、故意念错等来表示抗拒。受教育者应该举手示意，让施教者获悉你有异议，待教育活动结束后向施教者陈述你的意见或建议。

（三）责任自负的规则

家庭教育的其中一个目的就是培养受教育者具有较强的综合能力，能够在未来独立应对各种挑战。同时，受教育者不可能一辈子都由施教者等从旁协助。另外，漫长的人生旅途，自己的行为自己负责，这是铁律。

家庭教育中责任自负规则就是基于以上情况设立的，具体内容是：家庭教育受教育者要对自己的行为负责，自己的事情自己做，做好是应该的，做错就要自己承担后果。别人帮忙与否，那是别人的事情，别人帮是人情，不帮是道理，不能怪罪于人。

例如，每天上学前受教育者应该清点好需要带的教材、要交的作业本是基本要求和习惯，如果因为没有做好清点或忙乱中把教材或作业本落在家里，导致上课没有教材或不能按时交作业被老师批评，甚至要求重做，这个责任不能由家庭其他成员来承担，不能埋怨父母等没有及时提醒。

（四）遵规守矩的规则

"无规矩，不成方圆""有章法，才能有秩序"。人生在世，与人为伴；人在社会，与人交往，各种规矩、章法如影随形，遵守规矩，畅通无阻，违反章法，寸步难行。

遵规守矩的规则的具体要求就是受教育者居家要遵守家庭规则，出外要遵守社会规则，如各种社会公德、集体准则、单位规定、部门规章、国家法律等，这不仅是思想认识的要求，更是行为习惯的要求。

例如，受教育者离家外出时要跟父母说"爸爸（或妈妈），我去图书馆查资料"之类的话，意思是提醒父母自己现在外出办事；回家进门前要敲门（按门铃）并说"爸爸（或妈妈），我回来啦"等内容，表示提醒父母自己刚回到家里。

又如，受教育者到同学、朋友家除了必要的礼貌礼节之外，一定要尊重人家的家庭习惯或者规矩，绝对不能由着性子行事，哪怕别人不计较。因为这是受教育者的家庭规则，不管到哪个地方都必须遵守。如有些城市有十不准之规定、文明公约，你到其他城市，特别是所到的城市没有这些规定或公约，你也不能抛开自己生活的城市的那些规定、公约而作出各种有违文明的言谈举止。

第十章
地利人和

《孟子·公孙丑下》有云："天时不如地利,地利不如人和。"这句名言虽然直接指出"天时""地利""人和"三个因素里,"人和"是最重要的,但间接地指出"天时""地利""人和"这三个因素都是非常重要的,最理想的境界就是全部齐备,换句话说就是战争要讲究"天时""地利""人和"。战争如此,经商亦如此,家庭教育也一样,都要讲究这三个因素齐备。

家庭教育的"天时"是指家庭所在的地方对家庭教育重视的情况,包括政府、学校、社会对家庭教育的认识情况与重视程度等。家庭教育的"天时"好,对家庭教育的开展是有积极影响的;"天时"不好,对家庭教育的开展是有消极影响的,这是众所周知的。但"天时"不是家庭所能左右的,我们不能过于强调"天时"这个因素;"地利"和"人和"这两个因素虽然也包含政府、学校、社会等力量在内,但更多的还是在家庭里面,我们有能力把控好它们,让它们为家庭教育的顺利开展、取得显著成效发挥重要作用。这一点在我国古代社会就已经用无可辩驳的事实得到了有力证明,每个朝代,不管其是否大力倡议并推行家庭教育,几乎都会出现家庭教育的模范,几乎都有在后世广为流传的家训、家书。

第一节 "地利"的积极作用及"地利"的获得

一、"地利"很重要

《孟子·公孙丑下》中说到的"地利"即现代平常说到的"地利",是指好的客观条件,包括良好的地理位置、交通状况、环境条件等。"地利"在家庭教育中指的就是良好的家庭环境,包括硬件方面如家居装修、居室布置、家居摆设等,软件方面如家庭各种氛围的营造以及经济状况等。

古代及现代社会说到的"地利"几乎都能带来积极作用。如三国时期的吴国即孙权一方因为有难以逾越的长江天险这个"地利"而长时间雄霸一方,让强大的曹操集团乃至后来的魏国几乎无计可施;著名的"孟母三迁"的故事中孟母就是抓住这一点通过不断寻找良好的环境即寻找"地利"实现她的家庭教育目标;"蓬生麻中,不扶而直",这句名句就是形容利用其他植物形成"缝隙"这个"地利"来"迫使"芝麻挺拔生长,实现节节高;现代社会中一直处于"高温"状态的"择校热"(包括往公立名校和民办名校扎堆的现象)反映了广大家长希望借助名校这个"地利"来帮助受教育者更好地成长。事实证明,一般情况下,无论是公立名校还是私立名校,这个"地利"都能给受教育者带来积极作用。

二、"地利"中的"地"这个因素对家庭教育中受教育者的影响

家庭是家庭教育的受教育者出生后接触的第一个环境、第一所学校,而且是其长时间停留的地方,家庭里的点点滴滴,不管是硬件环境(家居装修、家具摆设、居家美化等)还是软件环境(家庭成员的日常言谈举止),都会在其看、听、触摸和感受中留下深刻的印记,有的会终生难以忘记,甚至对其人生有着决定性的影响。"地"利,基本上能给受教育者带来有利的影响;"地"不利,就可能

给受教育者带来不利的影响，正如"近朱者赤，近墨者黑；声和则响清，形正则影直"说的一样。

家庭这块"地"对受教育者的作用主要体现在以下几个方面：首先，对受教育者的影响是直接的。一般地说，受教育者在怎样的"地方"中生活、学习，就会养成与之相对应的思想、道德、品质以及行为习惯。其次，对受教育者的影响是全方位、全天候的。家庭这块"地"，有硬件方面的、有形的，也有软件方面的、无形的。它们不仅涉及思想、道德、行为等方方面面，而且每时每刻都在影响着受教育者。再次，对受教育者的影响是潜移默化的。当发现受教育者因为不良环境而养成不良的道德品质、行为习惯时，已经是难以逆转的。最后，家庭这块"地"对受教育者的影响有有利的一面，也有不利的一面，主要取决于受教育者对这块"地"所"散发"出来的影响力的接纳情况，即受教育者的抵抗力强弱的问题。抵抗力强就不容易受"地"的影响，无所谓"地利"与否，如管宁割席分坐、董仲舒三年不窥园、匡衡凿壁偷光就是自身"抵抗力"强，"地不利"也影响不了他们，没办法让他们因为"地不利"而放弃读书。

三、努力寻找有利之"地"

"地"既然有利与不利之分，我们就应该追求、选择有利之"地"，争取得到"地利"，因为人是趋利避害的。"地"虽然很难去改变，特别是按照人的意愿去改变，但是可以去寻找、选择，如前述的"孟母三迁"，还有古代战争关于战场的选择、现代商业对于商城的选择、现代家庭对受教育者就读学校的选择等。

家庭教育中家庭或家庭环境这些"地"不仅可以选择，而且可以改善甚至改变。毕竟家庭环境，无论是硬件环境还是软件环境，都是人为的事情。施教者想如何建设自己的家庭，硬件环境方面即如何设计与装修、怎样布局与摆设、添置什么家具、安装哪些装饰等，软件环境方面即家庭营造怎样的氛围、成员应有怎样的言行等,基本都是施教者说了算,别人说的都是参考。

既然家庭、家庭环境这些"地"是可以改变的,当然是按照有利于受教育者健康成长、有利于家庭教育目标的顺利达成这个方向去改变,让受教育者拥有"地利"。这一点相信大家都没有异议,更加不会否定。

(一)根据家庭教育的目标让"地"变利

"有的放矢",即目标或者意图决定射箭的方向。家庭教育的目标决定施教者想将家庭、家庭环境这些"地"往哪个方向改善甚至改变。如果家庭教育施教者想让受教育者喜欢读书并使之成为一种习惯,那么就应该将家庭改造成适合受教育者读书的"模样"。书房怎样布置?书柜如何摆设?添置哪些书籍?受教育者的卧室如何布置才能有助于培养其读书兴趣?家庭的客厅怎样布置才能与促进受教育者读书的行动相匹配?家庭成员日常怎样行动才能有利于受教育者喜欢读书并形成习惯?这些问题都是家庭教育施教者在改变家庭硬件环境与软件环境时必须考虑的问题。

(二)结合家庭的实际情况让"地"变利

"地"若不利,就想让"地"变得有利;"地"利,又想让"地"变得更有利。有这样的想法是人之常情,这不能说有错。问题是这种想法,这种"改变"必须要考虑家庭的实际,如果不顾实际,使家庭的实际情况与达成目标的要求差异太大,可能会费时耗力才勉强成事,也可能费时耗力后却没有成事。前者有"不要勉为其难""量力而行"的善意提醒,后者有"求过高,反难成功"(英国谚语)的真诚告诫。

要想将家庭、家庭环境这些"地"由不利变为利,由利变为更有利,必须要充分考虑家庭的实际情况,如家庭的经济情况方面,对于收入与支出比较均衡的家庭,如果想营造一个能够促使受教育者喜欢读书的家庭环境,就没有必要像那些富裕且有比较多的闲置资金的家庭那样大搞适合读书的硬件环境，如果硬着头皮勉强把原有的不适合读书的家庭硬件环境，改成适合读书的硬件环境，让"地"不利变为有利，很可能会这里支出多了，那里就支出少了，如订报购书的支出、让受教育者适当地参加一些读书交流分享活动的必要支出少了，这种"拆东墙补西墙"的做法，可能得不偿失。再如，家庭的成员工作忙碌，几乎没有时间与受教育者一起读书、一起交流分享的家庭照搬照抄其他家庭的做法，要么很难落到实处，要么就是家庭其他成员可能带着怨气勉强执行。这种情况下让"地"变利能够变多少是需要打个问号的，另外是否会带来负面影响也不得而知。

（三）要灵活机动地让"地"变利

世界上一切物质都处于永恒的运动状态之中，即世界上没有永恒不变的事物。家庭、家庭环境这些"地"也不是永恒不变的，它的利在某个时期是有利的，随着时间的变化可能会变成不利。如在受教育者刚入学时，无论是施教者还是其他家庭教育参与者，考虑其年龄小、课业负担重、学习压力大、竞争激烈等情况，只要有时间都会从旁协助，指导学习，或协助制作家庭小手工，或每天上学前帮助整理书包，或送其去学校时帮助提书包等。这是家庭这块"地"的利之体现，但随着年龄的增长、学习能力的提高，如果还这样分工协助，很可能这些"地利"又变成"地不利"了，因为事无巨细、不分轻重、不考虑其是否需要帮忙，一概帮助受教育者，时间久了就会剥夺其锻炼机会，使其形成强烈的依赖意识与习惯。又如，有些家庭在受教育者年幼时，家庭经济比较富裕，受教育者也有一定的兴趣、时间与精力，家里给添置了不少的乐器，如钢琴、吉他、画具等，每周都参加与之对应的兴趣辅导班，这都是那个时期家庭这块"地"的利之体现。但是，随着年龄的增长、学习任务的加重，受教育者的兴趣发生了变化，也很难有原来那么充裕的时间、足够的精力去应对。这个时候，家庭这块"地"的利可能就是不利了。

所以，要让家庭、家庭环境这些"地"变得对受教育者有利，需要有灵活、机动的意识与行动，根据情况的变化而采取相应策略，地不利转变成地利，地利转变得更有利，让这些"地"永远有利于受教育者的健康成长、全面发展。

第二节 "人和"的积极作用及"人和"的获得

一、"人和"很关键

在《孟子·公孙丑下》中，"人和"的意思是指人心向背、内部团结。在古代的战争和国家治理中，"人和"是战争能否获得胜利、国家管治是否成功的关键因素；在现当代的企业管理、行业竞争中，"人和"是保持强大竞争力的核心因素；现代国家管理和建设更是强调"人和"，内部团结是国家稳定、发展迅猛的首要因素。如三国时期的刘备就是凭着"人和"一举成为一个强力政治团体，与曹操、孙权两个政治集团形成鼎立之势；海尔集团凭着员工的团结而度过濒临破产的艰难阶段。相反，没有了"人和"，企业会没有后劲甚至被淘汰，国家会陷入无休止的冲突甚至分崩离析、国将不国的境地。

二、"人和"对家庭教育中受教育者的深刻影响

"人和"在家庭教育中的含义是指家庭成员之间的关系融洽，在家庭教育中能够彼此尊重与理解、互相配合与帮助，齐心协力做好家庭教育的各项工作。它实际上体现为家庭的良好人际氛围或良好的家风，如家庭成员个人以及彼此的良好精神状态、健康情绪、积极言谈举止等。

"人和"的家庭会充满理解与关爱，形成一种温馨和谐、幸福快乐的氛围，能帮助受教育者形成良好的思想意识、道德品质、心理品质。"家庭氛围对幼儿

的心理，特别是对幼儿的个性发展有很大影响。"[①] "温馨甜蜜的家庭气氛，对子女身心的健康发育成长相当重要。和睦、欢乐、温馨的家庭氛围是子女健康成长不可或缺的。"[②] "家庭是孩子最早接触的环境。民主和谐的家庭气氛、父母对幼儿的赏识、良好的家庭心理情绪气氛、稳定的家庭结构等对幼儿良好人格的形成有重要影响。家庭成员之间的关系应当是和睦的、平等的、互相关心和互相爱护的。孩子在良好的情感环境中生活、成长，他们会感到自由、舒畅、温暖、幸福，从而形成健康的人格。"[③] 研究与事实表明，情绪、感情以及氛围是会感染的，一个人身处其中是会深受其影响的，大多数的人都有这样的经历。如一个人与朋友相聚时会受到朋友情绪的影响，朋友笑脸相迎，体贴作陪，再加上相聚的热闹、快乐气氛，就算你原本不是很开心，也会将烦恼暂时抛诸脑后，不知不觉地开心起来。在一个家庭里，受教育者如果较长时间处在这种温馨、和谐的"人和"氛围下，无论是思想（意识、观念）还是心理情状等都会受到潜移默化的影响，慢慢形成喜欢、践行、享受"人和"的气息与氛围。

"人和"的家庭会具有强大工作效能，产生巨大的竞争力甚至影响力，能帮助受教育者形成良好的思维品质、精神品格和行为习惯。科学研究证明，人与人之间如果关系融洽，形成"人和"的态势或者局面，就容易彼此理解与尊重、相互信任与支持，出现"1+1＞2"的效果，这个"人和"的团队就会具有很强的战斗力、竞争力、影响力。因为"人和"而实力超群、战绩彪炳、千古流传的事例比比皆是，如唐代平定"安史之乱"的"郭子仪与李光弼"之"郭李联军"，宋代有"撼山易，撼岳家军难"美誉的岳家军，创造"五连冠"神话的中国女排，为国家屡创辉煌的中国军工科研团队，这些都具有"人和"这个不可或缺的"关键因素"。

---

① 林宏雄.家庭氛围对幼儿心理的影响[J].福建师大福清分校学报（综合版），1991（2）.

② 张艳红.家庭氛围对子女的影响[J].华章，2010（16）.

③ 王小燕.家庭氛围对幼儿人格形成的影响[J].科技致富向导，2008（4）.

军事队伍战斗力量强大不能没有"人和"，科研队伍科研力量强大不能缺乏"人和"，同样，家庭要发展、不落伍，也不能失去"人和"。"团结力量大""兄弟同心，其利断金""家和万事兴""和气生财"，这些妇孺皆知且深受大家喜爱的俗语就是最直接、最有力的支持。

我们发现，受教育者如果生活在一个因充满"人和"元素而具有强大竞争力、影响力的家庭里，其思维品质、精神品格和行为习惯都能得到很好的锤炼与培养，从而具有良好的思维品质、精神品格和行为习惯。"一般地说，在充满爱心和责任感的家庭里，他们的孩子的智力和心灵会得到正确的引导，可以培养出健康、有所作为、乐观向上的孩子，孩子的良好行为会得到进一步的发展。反之，不良好的家庭气氛对孩子的影响会得到另一种效果。比如，父母长期分歧、敌对、争吵不休、紧张冲突，会使孩子产生严重的焦虑与矛盾，往往这些家庭的孩子会变得多疑、心神不定甚至导致心理变态，长此下去，一些不良行为习惯会越来越严重。"[1] 在孩子成长的过程之中，他的个人习惯，学习兴趣和学习习惯都在家长有意识的引导下和家庭氛围的作用下逐渐形成。

"人和"的家庭会具有"教科书效应"，为受教育者提供各种良好的示例，会给受教育者在未来人生路上提供重要的参考。模仿是绝大部分人的天性，几乎每个人都会自觉或不自觉地模仿其周边环境中的某些行为。如英国诺丁汉大学心理学家 Antonia Hamilton 说道："我们的研究表明正常儿童会模仿成年人的任意行为，即使他们也知道有些动作显得很多余。""父母是对孩子影响最先、最深的人，是孩子模仿最早、最多的形象……家庭作为儿童学习的主要来源，家长对问题的看法、兴趣爱好、思想作风等直接或间接地影响着孩子，家庭中家长的无意行为往往会对孩子产生影响。"[2]

---

[1] 朱雄．"说+做"德育教育对学生良好行为习惯的影响[J]．大东方，2016（1）．
[2] 洪显利，冉瑞兵．班杜拉观察学习理论对家庭教育的意义[J]．宁波大学学报（教育科学版），2000（5）．

受教育者长期生活在"人和"的家庭里，对父母以及其他家庭成员之间的温馨、和谐、幸福、美满的各种表现，如言语、神态、行为等看在眼里、听在耳里、记在心里、刻在脑里，而且父母以及其他家庭成员的这些表现都是让人感到舒服、愉悦的，受教育者更加会去模仿学习，特别是受教育者在幼年时期，更是把父母乃至家庭的言行举止奉为圭臬，父母怎样他们就怎样，别人如果表示有异议甚至反对时，他们常常会毫不犹豫地说"这是我爸爸（妈妈）说的""我爸爸（妈妈）就是这样做的"，就算嘴上不说，心里也是这么想的。

父母在孩子心目中的地位让他们的表现容易获得受教育者的模仿；模仿能够获得好处也让受教育者积极去模仿。美国著名心理学家杰罗姆·凯根曾说道："对于孩子，模仿是一种获得愉悦、力量、财富或者其他目标的自我意识的一种尝试。"既然受教育者能从中获得愉悦、力量、财富或能满足其他目的，相信谁也不会轻易放弃，受教育者也一定会对所喜欢的、认定的东西"咬定青山不放松"的。

另外，从人的从众心理和趋利避害习性来说，"人和"家庭中作为施教者的父母以及其他家庭教育参与者的良好举措也是受教育者学习模仿的对象。"我们家里的人都是这么做的，爸爸这样，妈妈也这样，还有爷爷、奶奶都这样，我应该也像他们那样，大家都这样做、这样说应该是很好的。"很多受教育者对于自己所生活的家庭里各种各样的规矩、要求都有这样或类似这样的想法。久而久之，家庭成员和家庭里的这些内容就逐渐成为受教育者的行动参考标准。"孩子是父母的影子"就是对此最好的印证。

三、努力让不和之人"和"起来

"人和"不是天上掉下来的，是人努力的结果。人与人之间不一定就是"和"的，可以"和"，也可以"不和"。既然"人和"是努力的结果，那么在家庭教育中如何让人"和"起来，让家庭成为"人和"的家庭，让家庭教育受教育者在"人和"的氛围中健康成长、全面发展呢？

（一）高度重视"人和"这个因素

意识引领行动，态度决定行为。家庭教育施教者要想拥有一个"人和"的家庭，先要重视"人和"在家庭维系、家庭发展中的重要作用，才有可能想方设法让家里人"和"起来。如果家庭教育施教者根本没有"人和"这个概念，或没有想拥有"人和"的人际关系的想法，是很难作出与"人和"有关的行为的。所以，家庭教育施教者必须高度重视"人和"。

（二）深入认识"人和"的内涵

需要是行动的内驱力，正确认识是保证方向不会错误的重要条件之一。家庭教育施教者在寻找获得"人和"的方式、方法之前，应该深入认识"人和"的内涵，"人和"家庭的特征，如"人和"指的是什么、"人和"包括哪些方面、"人和"在家庭中有哪些表现，等等。

（三）正确处理好家庭的核心关系

一般情况下，在一个家庭里会存在多种关系，如夫妻关系、父子（女）关系、母子（女）关系、婆媳关系等，这些关系还会衍生多种关系，也会引发多种互动。家庭里的多种关系往往是交织在一起的，共同对家庭发生影响，一个"人和"的家庭需要各种关系内部的"和"与彼此之间的"和"，只有各种关系的内部、外部都"和"起来，或者大多数"和"起来，这个家庭才是"人和"家庭。

一个家庭内部涉及的关系虽然多，但是如果找到了主要关系并能好好理顺，一切问题都有可能变得简单起来。家庭里面的这些关系中，夫妻关系是家庭的核心关系，只要这个关系稳定了、和谐了，这个家庭一般都是风平浪静、稳如磐石的。国内知名心理学家曾奇峰对此就有精辟见解："夫妻关系是家庭的定海神针。""事实上，家庭中最重要的关系，不是亲子关系，而是夫妻关系。这也是中国传统文化把夫妻关系作为五伦关系（夫妇有别、父子有亲、长幼有序、君臣即上下级有义、朋友有信）之首或核心的原因。夫妻关系做好了，其他什么都有了。"①

要想夫妻关系和谐，夫妻之间就要在思想、行为上认真做到彼此尊重与理解、互相信任与赏识、感恩与珍惜并重、关心与帮助兼具。

（四）慎重处理好家庭的敏感关系

婆媳关系是一个既古老又新鲜的话题，也是一个"世纪难题"，用历久弥新、"难过牵牛上树"来形容一点都不为过，几乎有家庭就有婆媳关系。自古以来，婆媳关系就是一种难以处理的关系，婆媳关系若不慎重对待，很容易横生枝节，发生婆媳冲突，常常让丈夫成为"夹心饼"里面的那些"馅"，粘任何一边都是错，继而会影响夫妻关系。同时，婆媳关系不和谐，也会对受教育者产生不良影响，如婆媳常常会各自从言语、行动上"拉扯"受教育者，常常让受教育者无所适从，长此以往很容易出现紧张、焦虑、犹豫等不良心理或情绪。这又在一定程度上影响家庭关系和谐。另外一种敏感的关系是翁婿关系，这种关系如果处理不当，也是麻烦颇多，妻子容易成为"磨心"，上要托，下要撑，稍有不顺便没有办法让磨"转动"起来，受教育者也会随之受到不良影响。

要想处理好婆媳关系（翁婿关系），首先是作为晚辈的妻子（丈夫）要常怀感恩之心，感谢他们将儿子（女儿）托付给自己，感谢他们给自己一个很好的人生伴侣；其次，尊重、理解婆婆（岳父母），日常交往时能充分换位思考，理解并尊重其某些思想、行为以及习惯。再次，丈夫（妻子）要当好中间人角色，既要公平公正，不偏袒任何一方，也要有情有义，能从情义上兼顾双方，还要有智慧素养，机智地化解彼此的误会、消除双方的成见、拉近他们的距离。最后，设法加强大家的联系，增多沟通的机会，增加交流的频率，从而增进了解，最终消除隔阂，融洽关系。

---

① 鲁鹏程. 好妈妈不吼不叫教育男孩100招（实践版）[M]. 北京：机械工业出版社，2015.

（五）加强家庭文化建设

要与时俱进，把握时代脉络，紧跟社会发展步伐，借鉴学习型社会建设的模式，构建学习型的家庭，努力学习家庭建设的各种理论知识，用社会主义核心价值观作为引领，突出"爱家、强家、民主、法治、文明、创新"等思想，围绕"人和"这个家庭目标推进家庭建设。通过形式多样的家庭活动，特别是利用家庭会议来改变以往家庭封闭、强制的管理模式。

第十一章
良策妙计

众所周知,"教无定法"是事实,"教而有法""教要得法"也是事实。前者是强调教育有很多方法,但是没有固定的方法,不能规定必须使用哪些方法,甚至是某种特定的方法,没有一种教育方法是放之四海而皆适用的;后者是强调教育需要方法,是必须有法和必须得法的,只有依据一定的方法、选择合适的方法才能做好教育工作。家庭教育作为教育体系中的一部分,它也必须尊重这样的事实。无可否认,家庭教育有很多方法,而且都是很好的方法,本章限于篇幅以及客观现实的原因只能精挑细选一些家庭教育中常用、易用而且高效的方法予以介绍,期望能给家庭教育施教者带来一定的帮助。

第一节 潜移默化,润物无声

第五章"家庭教育的主要方式"指出,"无声式"教育是其中重要的家庭教育方式,其特点是在家庭教育施教者对受教育者开展教育时,不是通过施教者或其他人的言语即口头述说来完成的,而是通过非口头表述的形式来完成家庭教育。常用的好方法主要有以下几种。

一、家庭环境影响法

(一)什么是家庭环境影响法

顾名思义,家庭环境影响法就是运用家庭环境去影响受教育者的一种家庭教育方法。家庭环境包括家庭物质环境与家庭氛围两种,前者是指物质方面的,如家庭居室的布置、家具摆设、色彩的选择等;后者是指家庭成员的人际关系、心理氛围、情绪表现、生活情趣等,是与物质环境相对应的精神环境。

(二)家庭环境影响法实施的基本依据

人生活在世界上,时时刻刻都受到其所在的周边环境的影响,在家庭里会受到家庭环境、家庭氛围的影响。

(1)"有什么样的家庭就有什么样的孩子"。美国心理学家诺尔蒂曾经这样说过:"如果孩子生活在批评的环境中,他就学会指责;如果孩子生活在恐惧的环境中,他就学会忧心忡忡;如果孩子生活在羞辱的环境中,他就学会自卑;如果孩子生活在鼓励的环境中,他就学会自信;如果孩子生活在受欢迎的环境中,他就学会关爱别人;如果孩子生活在安全的环境中,他就学会信任;如果孩子生活在赞许的环境中,他就学会自爱;如果孩子生活在相互承认和友好的环境中,他就学会在这个世界上寻找爱。"

(2)积极的氛围能促使人形成积极的情绪,产生积极的行为。"营造一个积极向上的工作氛围,使得不仅内部组织成员工作热情高涨,工作流顺畅,而且外部合作伙伴积极主动配合。如此这样,团队的目标才能得以实现,团队成功了,管理者也成功了,组织成员就有了成就感、归宿感。"[①]

(3)家庭成员毫不例外地深受家庭氛围的影响。"家庭氛围是一个整体,每个家庭成员不能完全独立,都要受家庭整体氛围的影响。""良好的家庭氛围

[①] 康善村.氛围营造[M].广州:广东经济出版社,2003.

能促使青少年体格健壮、活泼聪明、乐于助人、积极进取，具有健康的心理和积极的人格"；"不良的家庭氛围可能导致青少年行为放任、自私狭隘、心理脆弱、胸无大志，这些孩子长大进入社会后，往往碌碌无为，少数人可能危害社会，走上犯罪道路"①。

（4）"家庭生活的乐趣是抵抗坏风气的毒害的最好良剂。"（法国哲学家卢梭《爱弥儿》）

（三）家庭环境影响法的代表案例

1．"孟母择邻（慈母择邻）"是将家庭环境影响法运用到极致的典型代表。

故事原文：昔孟子少时，父早丧，母仉氏守节。居住之所近于墓，孟子学为丧葬，躄踊痛哭之事。母曰："此非所以处子也。"乃去，遂迁居市旁，孟子又嬉为贾人炫卖之事，母曰："此又非所以处子也。"舍市，近于屠，学为买卖屠杀之事。母又曰："是亦非所以处子矣。"继而迁于学宫之旁。每月朔望，官员入文庙，行礼跪拜，揖让进退，孟子见了，一一习记。孟母曰："此真可以处子也。"遂居于此。（刘向《列女传·母仪》）

译文：从前孟子小的时候，父亲早早地就去世了，母亲仉氏不再结婚。孟子和母亲住在墓地旁边，孟子就和邻居的小孩一起学着大人跪拜、哭嚎的样子，玩起办理丧事的游戏。孟子的母亲看到了，就皱起眉头："这个地方不适合我的孩子居住！"孟子的母亲就带着孟子搬到集市。到了集市，孟子又和邻居的小孩学起商人做生意的事。孟子的母亲知道了，又皱皱眉头："这个地方也不适合我的孩子居住！"于是，他们又搬家至屠场附近，这次，孟子又学起屠夫宰杀猪羊，孟子的母亲知道了，皱皱眉头："这个地方也不适合我的孩子居住！"于是，他们又搬家了。这一次，他们搬到了学校附近。每月夏历初一、十五这个时候，官

---

① 徐燕．浅谈家庭教养方式、家庭氛围对青少年成长的影响[J]．管理观察，2009（18）．

员到文庙，行礼跪拜，互相礼貌相待，孟子见了之后都学习记住。孟子的母亲很满意地点着头说："这才是我儿子应该住的地方呀！"于是居住在了这个地方。

2. 马云也是将环境影响法运用得非常成功的杰出代表

马云极力推崇"融洽的团队关系、和谐的沟通环境、快乐的工作氛围"，并与其他管理高层将这三个方面打造成阿里巴巴集团的核心文化。阿里巴巴集团这个良好的企业软环境——和谐的氛围，已经成为"增强企业凝聚力、提升员工工作效率、降低人才流失率"的重要"武器"，让阿里巴巴集团成为众多人才向往的地方。

（四）家庭环境的建设

1. 家庭环境的建设必须紧紧围绕家庭教育的目标

不同的家庭，其家庭教育有不同的目标，这是家庭教育的方向性问题，家庭教育的一切行动都应该充分考虑这个家庭教育目标。换句话说，就是家庭教育的一切行动都要围着家庭教育目标转。家庭环境建设也是家庭教育的行动之一，必须密切紧扣家庭教育的目标。如家庭教育目标是把受教育者培养成一个爱整洁、喜读书、好书法、有修养的人，那么家庭环境在布置方面要重点突出整洁有序而且适合读书、练字等方面的内容。

2. 家庭环境的建设必须充分考虑家庭实际

一般而言，每个家庭有每个家庭的情况。就拿跟家庭环境建设密切相关的经济情况来说，有的家庭经济拮据，有的家庭经济一般，而有的家庭经济较好甚至很好。家庭环境建设无论怎样去布局或多或少都要跟家庭经济情况挂钩，如要布置一个能让受教育者喜欢阅读并能优雅地阅读的家庭环境，至少也要多提供一些适合受教育者阅读的报纸、杂志以及其他书籍，还要有跟家庭居住面积相匹配的书籍摆放的书柜、书架之类的东西。这都是一笔不小的开支。如果家庭经济拮据的就没有必要像家庭经济富裕的那样高标准、高要求了。还有就是家庭成员的个人喜好、生活习性的因素，这是一个不能忽略的问题，如果家庭成员习惯于家庭陈设随意、日常用具无序摆放、经常邀请朋友来家打麻将娱乐的，就算勉强建一个充满书香味的家居环境，也是很难发挥环境的应有作用的。

3.家庭环境的建设必须及时维护

家庭教育中的环境虽然是基本确定的，但是始终有人为因素的介入，可能会有这样或那样的"异动"。如书架上的书刊因为家庭成员包括受教育者阅读后没有及时、按要求放回原处，会略显凌乱；家庭成员之间的关系，有时会因为成员本身情绪的变化或者个人工作的影响等闹别扭，家庭教育实施者要密切留意，及时发现后，马上予以调解，以免时间久了加深误解、加剧矛盾，最终发展成为不和谐关系。所以，在维护家庭环境上必须要坚持及时收拾整理，保持干净整洁。同时，要适当地予以变化，毕竟人是有审美疲劳的，在保持的基础上适当作出合适的改变，会有意外的惊喜。如适当的时候将受教育者阅读或练字之后的一些较有质量的"作品"经加工后摆设在家庭的某个位置，就是不错的尝试。

二、行为引领法

（一）什么是行为引领法

行为引领法就是指在家庭教育中，家庭教育施教者通过自己或其他家庭成员的行为去教育引导家庭教育受教育者的家庭教育方法。行为引领法又称为榜样示范法。

（二）行为引领法实施的基本依据

（1）"轻财足以聚人，律己足以服人，量宽足以得人，身先足以率人。"（明陈继儒《小窗幽记·集醒》）这句话的意思是仗义疏财能够团结人，严于律己能够使人信服，宽以待人能够得到人心，身先士卒能够领导众人。

（2）"教者，效也，上为之，下效之。"（汉班固《白虎通·三教》）教，就是效仿，在上的人怎么做，在下的人就模仿着去做。"政者，正也。子帅以正，孰敢不正？"（《论语》）政，就是端正；为政者带头走正路，还有谁敢不走正路呢？

（3）"现代管理学认为，领导者个人的行为影响力至关重要，其行动很大程度上影响着管理的效果。心理学研究结果表明，行动的影响力远大于口头语言和书面制度。在很多时候，部属不是看领导怎么说，而是看领导怎么做的。因此，作为一个领导者，时刻要注意自身的行动，要用行动来实施无言的管理。"[1]

（4）美国学者 Howell 和 Costley 在其《有效领导力》一书中认为，领导是领导者通过外显行为作用于追随者的心理反应，从而影响追随者行为的过程。

家庭教育施教者及参与家庭教育的其他成员，相对于受教育者来说是"年长者"，在某种意义上也是这个家庭的领导者，他们的行动影响力会比口头要求甚至命令更有说服力。"要求别人做到的，首先要求自己做到、做好"就可以避免别人产生这样的猜疑：他自己不知道能不能这样做，就叫别人这样做；自己都做不到，凭什么叫别人做到。

（三）行为引领法的代表案例

1. 田单率军守住即墨和攻打狄邑的故事

《战国策·齐策》记载：战国时期，燕国乘齐国内乱，集中大军攻打齐国，势如破竹，连续攻陷齐国城池70多座，齐国国土只剩下两座城池。齐国将军田单率领残败的军队坚守即墨。田单处处身先士卒，还号召士兵："我们宗庙被焚，家园沦丧，已无路可走，只有拼死一战了。"士卒大受鼓舞，人人挥泪奋臂与敌

---

[1] 张霖. 领导者的"行动"影响力 [J]. 决策，2005（3）.

人拼死战斗,最终打败了燕国,保住了即墨。

后来,田单决定趁着破燕之余威,率领士气正高的齐军先打狄邑,连续攻打三个月,却没有办法攻占狄邑。田单不明白其中原因,就请教纵横家鲁仲连,鲁仲连一针见血地指出,田单没有像在即墨那样不考虑生死,冲在部队最前方,士兵上行下效,部队也就"有生之乐,无死之心",个个都没有拼命战斗。田单听完后,第二天战斗时走在部队的前沿,在最危险的地方指挥,结果部队士气高涨,很快攻占了狄邑。

2."童话大王"郑渊洁及其父亲为孩子以身作则的故事

郑渊洁的父亲是一名教师,每天坚持在郑渊洁面前认真备课(阅读教材及有关书籍、精心设计并工整书写教案),通过自己以身作则,给郑渊洁以正面的影响,让郑渊洁从小就对读书和写字有所崇拜,最终成为著名的"童话大王";郑渊洁为人父之后,继续沿用父亲的做法,强调年长的家庭成员要做好表率,用自己的行动引领教育年幼的家庭成员,其中最受人关注的就是郑渊洁家庭的这个规定:任何人都不能当着孩子的面使用手机。尽管儿子已经成年了,但郑渊洁还是坚持严格遵守不在孩子面前使用手机的家规,以自己的行动继续引领整个家庭,降低手机对孩子的负面影响。

行动引领教育,让郑渊洁的家庭人才辈出。郑渊洁是著名的"童话大王"、作家、慈善家。儿子郑亚旗是《皮皮鲁》杂志创办人,策划的"皮皮鲁总动员"系列丛书,截至2011年3月销售逾2000万册;成立郑亚旗摄影工作室,出版摄影集《非洲》,个人摄影集《郑亚旗摄影》;开办皮皮鲁讲堂,与父亲郑渊洁共同担任授课老师;拍摄的100集动画片《霹霹乐翻天》在全国100多家电视台播出,被列为2009年中国十部优秀国产动画片之一;创建了北京皮皮鲁总动员文化科技有限公司,任CEO。女儿郑亚飞是出名的学霸,同时被美国六所名校录取。

（四）行为引领法的实施

1. 思想统一，达成共识

家庭成员之间必须首先达成"统一行动"的共识，因为如果家庭教育施教者认为非常有必要通过施教者及其他家庭教育参与者的行动来引领受教育者，而家庭教育其他参与者则认为可有可无，甚至认为完全没有必要，那么行为引领法就根本没办法实施。

2. 充分讨论，明确行为

根据家庭教育的目标和家庭教育施教者及其他参与者的基本情况，认真分析、深入讨论，明确家庭成员哪些行为在受教育者面前是允许出现的，哪些行为是不允许出现的，这些允许出现的行为中又有哪些是重点行为。例如，家庭教育的目标是培养一个懂礼节、好礼貌、守规矩、讲文明、有耐性、能独立的青年人，那么那些与该目标吻合的行为都是应该在家里频繁出现的，如家人每天互相问好、外出活动提前告知、外出活动守秩序、自己的事情自己做等；而那些与该目标不吻合的行为则不应该出现，如回家时鞋子随便摆、背包（手袋）随意搁、衣服顺手放，出去时不按交通灯指示随便穿行、随手抛弃不要的物品（包装纸、购物袋、食品盒）、购物支付不守秩序等。

3. 认真落实，持之以恒

家庭教育施教者及其他参与者必须认真落实家庭教育中"行为引领教育"的各种要求，严格以身作则并且持之以恒。例如，在家里闲坐时不能有跷二郎腿或将腿脚放在桌椅上的行为，不能因为受教育者不在面前（如在书房学习、外出活动）而放松要求；吃饭期间或完毕不许将手伸进嘴里抠东西，不能因为在家里而且只有夫妻二人就可以免除限制。

4. 密切留意，及时提醒

家庭教育施教者及其他参与者必须彼此密切留意个人的行为举止，并且在有关场合要及时温馨提醒对方,避免因为工作忙碌、精神疲劳、思维疲乏而不经意让自己的行为违反家庭教育统一要求,无意之中给受教育者作出负面的引领。只有彼此密切留意、及时提醒,家庭教育施教者与其他参与者才能做到想法一致、行动一致,确保家庭教育有效、高效地开展。

第二节 晓之以理,动之以情

第五章"家庭教育的主要方式"指出,"有声式"教育是其中重要的家庭教育方式,其特点是在家庭教育施教者对受教育者开展教育时,是通过施教者或其他人的言语即口头述说来完成的。常用的好方法主要是晓之以理、动之以情、痛下针砭三种方法。

一、"晓之以理"教育法

(一)什么是"晓之以理"教育法

"晓之以理",语出《论语》,是通过(讲)道理使其明白。"晓之以理"教育法就是通过讲道理(摆道理)、说理由(谈原因、论危害)的方式使家庭教育受教育者得到教育提升的教育方法。

(二)"晓之以理"教育法实施的基本依据

1. 人的行动大多数是需要理由来支持的

华东师范大学哲学系杨国荣在"中国文化的认知基础和结构研究"的研究成果《理由、原因与行动》一文中指出:"作为人的存在方式,行动既有其理由(reason),又关乎原因(cause)。从具体的机制看,行动的理由与行动的原因所涉及的,是行动的根据与行动的动因。理由为行动提供了根据,也使行动的理解成为可能。"

同时强调，"理由包含多重内涵。从理由与行动的关系看，理由可以视为行动的根据：所谓有理由做或有理由去行动，也就是有根据做或有根据去行动。在这一论域中，理由首先与行动的可理解性相联系：没有理由的举动，往往无法理解。在行动的视域中，理由的另一内涵涉及权利。就理由与行动者的关系而言，有理由做某事，意味着行动者有权利做某事。在现实的生活中，行动的理由，往往便具体表现为某种权利。权利在逻辑上与责任具有相关性，理由与权利的联系，使之同时关涉责任。人所面临的实践生活包含多样性，行动选择的依据也往往不同，当行动与义务的履行相关联时，其理由便涉及责任"。

中国科学院大学人文学院讲师徐竹在《行动理由中的知识与理解》这篇研究文章里指出，"人们总是为着某些理由而行动，根据自己所知道的事实来行动，通过理由来理解行动"[①]。

2. 我们自古以来就有"行动需要有理由"的传统

我们自古以来就有为行动寻找理由、原因的习惯，如《礼记·檀弓下》："君王计敝邑之罪，又矜而赦之，师与有无名乎？"《左传·僖公二十八年》："师直为壮，曲为老，岂在久乎？"《汉书·高帝纪》："兵出无名，事故不成。"这些都强调要想取得胜利，就要有正当的理由。

3. 人都是趋利避害的

人都是趋利避害的，在现实生活中，大多数人都是因为看到某种行为或做法对自己有好处而去接纳，或者对自己有坏处而加以拒绝。例如，利用空余时间参加适度的体育锻炼能保持健康，很多人会在工作之余、进餐之后到室外参与适度的运动，如打球、跳舞、散步等；酒后开车会容易招致不良后果，如被警察查到轻则扣分、罚款，重则拘留等，人们酒后大都选择请代驾开车或者乘坐出租车。我们在教育孩子时可以好好地利用人的这种普遍心理或者这个道理，从趋利避害

---

① 徐竹. 行动理由中的知识与理解 [J]. 山东大学学报（哲学社会科学版），2016（1）.

的角度引导或者说服孩子趋向甚至比较认同施教者的教育理念、接受施教者的各种教育要求。

（三）"晓之以理"教育法的常用方式

1. 直接阐述理由

这种方式就是指家庭教育施教者要求受教育者接受某种行为或采取某种行动前直接跟其阐述支持这种行为或行动的理由。这些理由主要包括优良传统、良好习惯、普遍认可的规定或者约定俗成的习俗等。例如，有亲戚朋友来访时，家庭教育施教者一般都会再次提醒或者要求受教育者有礼貌，如客人来访时如何称呼、说些什么话；客人在家中做客时又应该怎么说话，应有哪些行为；客人告别时应该说些什么话等。如果直接要求，很多时候受教育者会有疑问甚至抗拒，虽然不是直接的明显的抗拒，也会在实际中以"走样""变形"即降低行为的质量来表示抗拒。但如果在要求他们这样做的同时直接告诉他们这样做的理由，相信他们会表现得更好，如"这是我们的优良传统，我们家一直以来都是因为有礼貌而广受好评的，你是这个家庭的重要成员，一方面应该继承家庭的优良传统；另一方面这在某种程度上是家庭的展示窗口"。

2. 直接阐述利害

这种方式就是家庭教育施教者要求受教育者接受某种行为或采取某种行动前直接跟其阐述接受这种行为或采取这种行动的好处或坏处是什么。"利"的一面主要是家庭教育受教育者因为这样的行为（行动）而获得的好处，如给别人带来舒适感，赢得别人的好感，获得别人的称赞，受到别人的认可、欢迎等。"害"的一面主要是家庭教育受教育者由于如此的表现（举动）而带来的坏处，如让别人感觉难受、导致别人厌恶、招致别人否定等。例如，教育受教育者要有人生理想、奋斗目标，家庭教育施教者完全可以跟受教育者阐述理想、目标对人发展的深刻影响，正面的典型与反面的个案相结合，一般情况下，受教育者都会燃起追求理想之灯，高举奋斗目标之旗。

3.间接委婉地阐明理由

直接向受教育者阐述理由，说明利害，是家庭教育的常用方法，也可以间接委婉地阐明家庭教育中对他们的各种要求，如思想道德、心理素质、行为习惯等培养的重要性、必要性等。其中，借助涉及思想道德品质、心理素质等的社会热点、著名经典成功案例等是常用的做法，如关于培养受教育者确定正确目标后要持之以恒地努力拼搏的精神，我们可以选取马云、马化腾、李书福等名人事迹和受教育者分享；关于培养受教育者具有勇于尝试的胆识，我们可以选取李宁、邓亚萍、姚明、俞敏洪、马云等离开他们熟悉的职业转战于全新的领域并且获得巨大成功的事迹与受教育者交流。通过分享与交流间接委婉地阐述要求受教育者这样做的理由；阐述要求受教育者不这样做的理由。

（四）运用"晓之以理"教育法的注意事项

1.表达技巧的选择

众所周知，不同的表达会带来不同的效果，正确的、良好的表达会让人洗耳恭听、心悦诚服；错误的、拙劣的表达则让人心塞耳聋、神思游移。如家庭教育施教者以教育者自居，盛气凌人地进行说服教育，绝大多数的受教育者都是敢怒不敢言，表面上也许恭恭敬敬，暗地里则愤愤不平。相反，有些家庭教育施教者带着平等的心态，以商量的方式去说服教育，大部分的受教育者都是乐于接受的。

2.场合时间的选择

一般情况下，交流沟通需要选择适当的场合、时间，家庭教育的受教育者年龄、心理的特点，更需要考虑教育的时机、时间、地点。恰当的时间、场合与不恰当的时间、场合，教育效果将会截然不同，如有的家庭教育施教者在很多亲戚朋友面前说服受教育者，经常会出现一些尴尬情况，教育者越是这样要求，受教育者越是不配合，甚至会出现双方僵持不下乃至双方爆发激烈的语言冲突的严重局面。相反，有些家庭教育施教者则很会考虑受教育者的年龄、心理特征，选择与之匹配的时间、场合说服教育受教育者，如找一个温馨和谐的只有双方在场的地方开展教育，往往比较容易达成目标。

3. 走出固定模式的怪圈

人容易喜新厌旧，也喜欢看见开头就去揣摩结尾。家庭教育的受教育者作为正处在不断变化过程中的年轻人，这些特点尤为明显。家庭教育施教者要充分考虑这些因素，走出教育的固定套路，灵活运用各种形式开展"晓之以理"的教育行动，减少受教育者厌旧的情绪，降低受教育者"看见开端就能猜出结尾"的概率。如前段时间是跟受教育者讲道理，现在这个时候就换成用问题引导他们去思考，从中明白其中的道理，知晓个中的利害，从而端正自己的不良观念，改变自己不良的行为习惯。

二、"动之以情"教育法

（一）什么是"动之以情"教育法

"动之以情"，语出《论语》，是指通过某种情感使其感动。"动之以情"教育法就是指家庭教育施教者采取一定方式、方法让家庭教育受教育者受到情感的影响，从中得到教育提升的教育方法。

（二）"动之以情"教育法实施的基本依据

（1）人是有感情而且容易受感情影响的。"人非草木，孰能无情？""恻隐之心，人皆有之。"人不是草木，不是铁石心肠，而是有感情的，人人都有同情心、怜悯心。人如果对事物有同情之心、怜悯之情，那就说明他与那事物，包括人就具有了共鸣之处、共振之点，他们彼此之间就会出现互相影响。"人逢喜事精神爽""看戏落泪,替古人担忧""登山则情满于山,观海则意溢于海",这些俗语、名句在一定程度上也说明人是容易受到别人的情感影响的。

(2)人最先被触动的就是情感。雅斯贝尔斯在《什么是教育》中说过:"教育是人灵魂的教育,而非理性知识和认识的堆积。""教育是人灵魂的教育",给我们指明了教育的方式、方法,即教育应该是思想教育、道德教育;也说明了教育的内容,即教育应该教育思想、道德、精神等;同时也告诉我们,教育应该从灵魂开始,即从受教育者的"心""脑"上进行教育,入脑入心,在"心""脑"上实施教育是最容易产生影响的。唐代著名诗人白居易指出,"感人心者,莫先乎情"。这句话直接点出影响一个人的首先是感情或情感。而感情或情感对人起作用,当然是在"心"与"脑"。

(3)中国人素来注重人的情感因素,历来推崇将"情"运用到日常交往、工作管理之中。如企业管理中就把"感情留人"作为一种重要的管理策略。

(三)"动之以情"教育法的典型例子

1. 刘备是善于运用"动之以情"策略的代表人物

《三国演义》中的刘备虽然是汉朝后裔,但出身贫寒,最初靠卖草席来养家糊口,最终却能够与曹操、孙权三足鼎立,成为三国时代的一代枭雄。刘备能够在人才辈出、时局动荡、军阀混战、人才济济的三国时代,最终创立蜀国,偏安一隅,成为与曹操、孙权鼎足的力量,因素很多,但是能够娴熟恰当地运用"动之以情"策略是一个不能忽略的因素。"得人心者得天下",这是刘备所谙熟的,为赢得人心,刘备经常大打"动之以情"之牌,而且屡获成效,上至关羽、张飞、赵云、孔明等重要人物,下至一般老百姓。当然,刘备对他人实施"动之以情"的策略都是建立在感情真挚、情真意切的基础上,与那些虚情假意有着天渊之别。

2. 现代知名企业实施"动之以情"策略成为主流

企业的竞争实际是人才的竞争,得人才者得天下,"挽留人才"是企业管理的重要内容,实施"动之以情"策略是一个重要策略。如日本企业家松下幸之助就非常推崇"动之以情"策略并将之运用到近乎极致的程度;美国企业家洛克菲勒也是运用"动之以情"策略的高手;创立阿里巴巴集团的马云亦是"动之以情"策略的倡议者和践行者,"员工第一、客户第二"是其核心思想,让员工开心,有"笑点""幸福之感"和"感动之处";海尔集团的张瑞敏更是创造性运用"动之以情"策略的先行者和成功者,海尔集团在密切关注西方企业管理变革、紧跟时代步伐的同时,不断创新管理方式、方法,适时将文化管理引入企业,凸显"家庭"氛围,借此触动员工的"最软之处",满足员工的"最渴望之处",激发员工的"最强之处"。

(四)"动之以情"策略的运用

1. 找准受教育者的"动点"

"打蛇要打蛇的七寸""比赛要攻击对手的软肋""打动对方要触动其泪点",只有这样我们才能用最小的付出收获最大的成效,正如"四两拨千斤""给我一个支点,我可以将地球撬起"说的一样。家庭教育施教者运用"动之以情"策略时必须充分分析受教育者情感上最需要的是什么或最容易触动的"神经",受教育者在感情上需要的,就是我们实施"动之以情"策略的"关键点"和"着力点"。

2. 要根据受教育者的迫切需要设计行动方案

俗话说"量体裁衣""入乡随俗""射箭看靶",实施"动之以情"策略也要根据受教育者的实际需要而思考和采取行动,切勿不看对象、不考虑实际而盲目行动,也不能随便运用那些所谓"放之四海而皆准"的通用方法来应对。如受教育者是一个容易对父母感恩、感动的人,我们就可以从促使他实现感恩父母去引导他作出某种改变或调整,从而实现教育提升;如受教育者是一个特别渴望得到别人赏识的人,我们就要从让他容易获得他人赏识、感受到被认可的喜悦这些角度去考虑行动。教育部原副部长柳斌曾说过,"教育是充满感情、充满爱心的事业,没有感情的教育是苍白无力的教育,单纯的知识传授,不能造就一代'四有新人'"。

3. 要注意合理运用情感的表达方式

"动之以情"策略的运用,在做好前述两项工作的同时,不能忽略情感表达的方式,方式、方法不恰当往往会让效果大打折扣,甚至会适得其反,得不偿失。就好像有些人使用"苦肉计"因考虑不周,漏洞百出,不仅没有收到应有的效果,有时反而会出现"赔了夫人又折兵"的严重失误。

三、"痛下针砭"教育法

(一)什么是"痛下针砭"教育法

"痛下针砭"出自宋代诗人范成大的诗作《曦真阁留别方道士宾实》:"时时苦语见针砭,邂逅天涯得三益。""痛下针砭"的意思是有病痛就拿砭石制作的针来治疗病痛,比喻透彻尖锐地批评错误,以便改正。"痛下针砭"的教育方法是指在家庭教育中,家庭教育施教者在受教育者有错误的时候及时地提出严肃的批评,让受教育者猛然醒悟、及时彻底改正的教育方法。

"痛下针砭"的教育方法实际上就是批评教育法,是教育特别是家庭教育中常用的而且效果比较显著的教育方法。

(二)"痛下针砭"教育法实施的基本依据

1. 批评教育是我国古代和现代教育中经常使用的教育方法

《论语》是儒家经典之一,也是体现孔子教育思想的重要书籍。只要认真阅读过《论语》的人,都会有这样的体会:孔子似乎非常喜欢弟子子路,也对子路批评得最多,包括严肃批评和委婉的批评。明代陈继儒认为,"卑幼有过,慎其所以责让之者"（年幼和地位卑微的人有过错的时候，应该要慎重责备批评），这实际上反映了其所在的时代在家庭教育中也是盛行批评教育的，只是批评对年幼者、地位卑微者要慎重使用。

《中华人民共和国义务教育法》和《中华人民共和国教师法》这两部重要的教育法律，对批评教育都有不同的文字描述，显示对批评的重视。前者是这样描述的："对违反学校管理制度的学生，学校应当予以批评教育，不得开除。"后者则是这样规定的："制止有害于学生的行为或者其他侵犯学生合法权益的行为，批评和抵制有害于学生健康成长的现象。"中国青少年研究专家、作家孙晓云认为，"教育本就是十八般武艺，表扬、批评、奖励、惩罚，什么都应该有。没有惩罚的教育是不完整的教育，没有惩罚的教育是一种虚弱的教育、脆弱的教育、不负责任的教育，无批评的教育是伪教育"。

2. 家庭教育施教者必须对受教育者的错误予以及时适当的批评教育

俗语说："打铁要趁热""做事要乘势""治病要及时"。"如果说批评是一剂良药，能强身治病、保持肌体健康，那么及时医治往往能事半功倍……同样是批评，及时的批评是良药，事半功倍；背后的批评是'嚼舌根'，于事无益；而事后的批评就是'马后炮'，于事无补。"①

（三）"痛下针砭"教育法的运用

1. 使用"痛下针砭"教育法必须把握好分寸、时机、场合

研究表明，没有批评的教育是不完整的教育，完整甚至完善的教育应该有赏识，也有批评，只是赏识多一些，批评少一些而已。面对犯错的受教育者，不能动不动就实施"痛下针砭"教育法，不问缘由，不顾场合，一概而论：只要出现错误就来一场暴风骤雨，期望将那些错误从受教育者身上刮个一干二净。美国心理学家詹姆士·罗宾逊曾经强调："人类在不伤及自己尊严的情形下，都愿意改

---

① 陈军. 及时的批评是良药[N]. 中国纪检监察报，2016–12–16.

过从善,但是有人当众指责他的行为不对,为了维护面子,他会将错就错,不愿回头。"正确的做法是,应该弄清楚受教育者犯错、失误的根源以及严重程度,注意时间、地点,然后才考虑运用"痛下针砭"教育法,其中清人陈继儒关于批评教育实施的"七不"是一个很好的提醒与参考。

陈继儒认为以下七种情形不宜批评孩子:"对众不责"(不要在众人面前责备孩子),"愧悔不责"(惭愧后悔不责备孩子),"暮夜不责"(夜晚不责备孩子),"正饮食不责"(吃饭时不责备孩子),"正欢庆不责"(欢庆时不责备孩子),"正悲忧不责"(忧伤时不责备孩子),"疾病不责"(患病时不责备孩子)。

2.使用"痛下针砭"教育法必须注意语言技巧

"良言一句三冬暖,恶语伤人六月寒"(《增广贤文》),强调说话要文明、要注意礼貌,言语上不能含有人身攻击。"痛下针砭"虽然强调要透彻、尖锐地批评错误,但是也不能在语言上出现关于人格尊严方面的伤害,无论有意还是无意都不允许出现,这是其一。其二是批评教育受教育者的立场、态度,是什么、怎么样,一定要旗帜鲜明地表达出来,不允许含糊其辞,一定要清晰地表明家庭教育施教者对于受教育者犯错、失误行为的基本立场,避免模棱两可,不让受教育者有歧义的联想与想象。特别是关于犯错、失误的严重性和危害性要清楚地指出来,深入、具体地剖析清楚。如关于受教育者不诚信的表现,受教育者为个人某些行为胡乱编造理由,经常故意违背诺言、不兑现承诺等,这些看起来没有立刻的危害,有危害也没有触及个人生命安全,似乎可以随便批评教育一下就应付过去。如果是浅尝辄止式的批评教育,那么不如不作任何的批评教育,轻描淡写的教育方式,就会让受教育者有"'说说谎话、乱编理由'是没有什么大不了的事情"这样的错觉而继续一错再错地发展下去,最终成为一种坏习惯。

第三节 躬行实践，耳濡目染

躬行实践，意思是亲身实行或体验。躬行实践在家庭教育中主要是指家庭教育施教者创造条件、寻找机会让受教育者通过亲身实践或亲临现场观看等环节获得教育的一种思想、理念、方法，其中实践教育法和视觉教育法是最能体现躬行实践精神的教育方法。

一、实践教育法

（一）什么是实践教育法

实践教育法就是在家庭教育中，家庭教育施教者通过让受教育者参与各种实践活动，在实践中获得教育的方法。这种方法强调的是受教育者的实践，即参加各种实践活动，受教育者是活动的实施者、行为的发出者，突出的是受教育者在亲身实践、亲自行动后获得经验、收获感受、掌握方法、养成习惯、形成能力、吸取教训。

（二）实践教育法实施的基本依据

1.我国自古以来就有重视实践的习惯

实践是提升思想、掌握技能等的重要而且有效的教育方法。"纸上得来终觉浅，绝知此事要躬行"（宋朝陆游《冬夜读书示子聿》）；"读万卷书，行万里路"（明朝董其昌《画旨》）。

2.现代教育中，实践教育法有着坚实的基础，是行之有效的教育方法

"实践教育法是指学生思想工作要打破'闭门自教'的状况，组织引导学生积极参加各种社会实践活动，在沸腾的社会生活中，调动和利用各方面的力量，对学生进行生动、具体的思想教育的方法。实践教育是培养和造就社会主义新人

的重要途径,在学生的思想工作中有着重要的作用。"① "实践教育法是做好思想政治教育,提高思想政治教育有效性的重要方法。"② "实践教育法是教师在实践中教,学生在实践中学习,把教学统一在实践上的教育法,它不仅指导学生认识世界、说明世界,更主要的则在于改造世界。"③ 实践教育法是少年儿童信仰教育中非常重要的一种方法,是一种"基于实践、在实践中、为了实践"的信仰教育方法。④

(三)实践教育法的运用

1. 根据家庭教育的目标确定实践教育法的方向

不同的家庭,教育的目标会有所不同,这是非常正常的情况。这不仅与家庭教育施教者的个人意愿或者整个家庭的意愿有关,而且与家庭教育受教育者个人情况有关,还与当前的社会氛围有关。不同的目标,决定了实践教育法的方向、范围以及内容等,如果家庭教育要培养受教育者良好的理财意识与理财习惯,家庭教育施教者可以让受教育者参与小型的理财实践活动,通过小型的理财实践活动帮助受教育者初步认识理财的有关常识,初步形成理财的意识、观念、习惯等;如果家庭教育要培养受教育者良好的团队协作意识、能力,家庭教育施教者可以让受教育者参与团队活动实践,如文娱体育团队比赛、小组合作研究等。

2. 做好必要的宣传发动工作,营造良好的家庭氛围

做任何事情都应该有其目的或者意义,运用实践教育法,让家庭受教育者参与某些实践活动也有其明确的目的或意义。这些活动的目的或意义不仅要让家庭

---

① 杨伟才. 实践教育法在学生思想工作中的应用 [J]. 教育评论, 1998 (4).
② 赵磊, 宫留记. 毛泽东实践教育法在知识分子群体中的应用 [J]. 北华大学学报(社会科学版), 2011 (6).
③ 程今吾. 程今吾教育文集 [M]. 北京: 北京师范大学出版社, 1982.
④ 薛国凤. 少年儿童信仰教育中的实践教育法 [J]. 天津师范大学学报(基础教育版), 2015 (1).

教育其他参与者清楚，因为他们要予以必要的协助，而且还要让受教育者清楚。任何活动，全体参与者的认可度越高，积极性就越强，效率也就会越高。

同时，活动开展的外部氛围对活动的成效也会有深刻的影响，外部氛围越好，成效也会越好。所以，家庭教育施教者实施实践教育法时也应注意营造适当的氛围，如要让受教育者到社会上参与勤工俭学活动、安排受教育者到商场里当促销员等，家庭应该营造一种良好的氛围：大家都支持、鼓励受教育者去尝试，给他们列举一些比较出名的类似案例等。

3. 要及时做好实践活动的跟踪和总结

让家庭教育受教育者参与适当的实践活动，这些实践活动哪怕是短暂或简单的，但对于家庭教育受教育者来说大多数都是陌生的，一般情况下综合能力一般的受教育者需要获得更多的协助。为了让实践活动更好地开展，家庭教育施教者应该及时跟踪了解，及时予以必要的协助，如在受教育者出现困惑、迷惘甚至有放弃念头时及时提供必要的帮助，让其继续前行。

任何事情都应该有始有终，开始有部署、终了有总结是基本做法，让家庭教育受教育者参与适当的实践活动也一样。同时，活动总结是实践教育法的重要环节，是提升受教育者思想、认识、觉悟，避免实践活动中重蹈覆辙的必要措施。在受教育者实践活动结束后，家庭教育施教者可以在家庭内部组织小型的总结会议，让受教育者讲讲其实践概况、实践收获、个人实践前后的变化（心理、精神、行为等）；也可以让受教育者写写参加实践活动的收获、感悟等。

二、视觉教育法

（一）什么是视觉教育法

所谓视觉教育法，就是指在家庭教育中，家庭教育施教者创造或寻找条件或机会让受教育者通过视觉及眼睛看某些活动场景、情况等，从中获得教育提升的教育方法。

（二）视觉教育法实施的基本依据

（1）虽然视觉艺术有虚实，所见的并非都是真实的，但现实生活中大部分人都只相信自己亲眼所见的。如"百闻不如一见""眼见为实，耳听为虚""夫耳闻之，不如目见之；目见之，不如足践之"等能够成为人们耳熟能详的俗语、名句就是很好的例证。

（2）视觉教育法从古至今都是受到教育施教者喜爱而且是有明显教育效果的教育方法。"杀鸡骇猴""斩首示众""游街示众""触目惊心""目不忍睹"等成语清晰地告诉人们，人们的心理、情绪是会受所见的景象、场景影响的。人们正是利用所看所见的景象、场景能对人的心理、情绪造成影响的特点而创造出视觉教育法，广泛应用于各行各业，如在违纪违法治理中的"杀一儆百"，驾驶员严重（多次）违反交通法规会被强制要求观看交通事故视频，学校禁毒教育会安排学生进戒毒所看看被强制戒毒人员的日常生活或观看染上毒瘾的瘾君子毒瘾发作的视频，政府反腐倡廉会组织领导干部观看反腐警示宣传片等。

（3）捷克教育家夸美纽斯在《大教育论》中强调，"一切知识都是从感官开始"。

（三）视觉教育法的经典案例

1.李嘉诚高度重视并娴熟运用视觉教育法开展家庭教育

为培养孩子的商业意识、商业理念，李嘉诚请公司专门配备两张椅子，让李泽钜、李泽楷两人在八九岁时就开始列席公司董事会议①，让他们从旁观察，一方面了解父辈创业的艰难困苦；另一方面培养他们的团队管理意识，了解商业管理的点点滴滴。

2.郑渊洁是"家庭教育表演学"的倡导者与坚定实践者

郑渊洁认为每个家长在孩子面前都是演员，都在演一部长达18年的电视连

---

① 赵忠心.家风正　子孙兴[M].北京：北京理工大学出版社，2015.

续剧。孩子是观众，这个观众拥有世界一流的模仿力，能模仿得惟妙惟肖，并且贯穿他的一生。郑渊洁还详细制定了表演范畴，有道德表演、阅读表演、孝顺表演、敬业表演，等等。郑渊洁认为，家长从孩子满月后，就要每天当着孩子的面表演看书，如果是本身不爱看书的家长，就要当演技派演员，在孩子认字前，可以拿一本成人读物看，孩子认字后，就不能看成人读物了；还要拿笔假模假式往书上画道道。

3. 借助"成功教育案例"吸引受教育者关注或帮助受教育者提升是学校或培训机构中流行而且高效的做法

在学校里，每年的新生入学教育，大多数学校都会有这样的安排：邀请学习成绩优异并已经入读名校的学兄学姐回校给学弟学妹们讲述成就辉煌的拼搏岁月；或组织资深班主任（教师）给新生讲述卓越学兄学姐的求学动人事迹。在一些培训机构中，经常会在"免费体验课堂"上，向参与试听课程的潜在培训对象讲述该机构教师如何"厉害"，学员怎样高效落实，学员成绩如何普遍"辉煌"。

（四）视觉教育法的实施

1. 选择适合视觉教育法的资源

虽然"世界从来不缺少美"，但常常缺少发现美的眼睛。适合视觉教育法的资源几乎随处可见，但是不能随便拿来就用，必须认真甄别、精心选择，选择那些能符合自己培养目标又容易避免横生枝节的资源，避免因为资源选择不当而产生意料之外的负面影响。例如，有些家长为了端正受教育者的学习态度并激发其认真学习的热情，将其带到学校收费处，从旁边看看那些来校借读学生的家长交借读费用的场景，希望借此让受教育者看在那无端付出大笔借读费的份上努力读书。结果事与愿违，有些受教育者看完其他家长来校交借读费的情景，居然会有这样的想法：交一笔钱就可以到好一点的学校里借读，没必要"苦读""死拼"。

这完全背离了施教者的初衷。可见，要好好选择合适的视觉教育资源，否则会出现施教者不希望发生的各种尴尬，让人哭笑不得。

2. 实施视觉教育法时要予以适当的说明

让受教育者亲临某个特定的场景，通过他们的眼睛去观察某种行为、某种现象，这是视觉教育法的主要特征和具体行为。为提高行为的效率，家庭教育施教者必须要向受教育者予以适当的说明或者解释，一方面要顾及受教育者的个人情绪，避免受教育者因对"亲临"的要求不了解甚至不认可而产生不必要的误会甚至抵触，如实施前跟受教育者简单地介绍"亲临"的基本要求、注意事项，委婉地征求受教育者对于"亲临"的有关意见或建议等；另一方面要避免受教育者在亲临特定场景时"观察""发现"的方向发生重大的偏移，如实施前或实施中有重点地温馨提醒，建议受教育者以旁观者身份与视角去观察"亲临"中的某些行为、某种现象，既不要先入为主，也不能无动于衷，也不可以"过分入戏"。

3. 在视觉教育实施后要及时地开展有关跟进工作

视觉教育实施后，即受教育者看过家庭教育施教者提供的"场景"后一般都会有所触动，无论正面还是负面，积极还是消极。"打铁要趁热""救火要及时"，家庭教育施教者应该把握时机、找准机会，趁机开展视觉教育法实施后的有关跟进工作。对于受教育者来说，一般是较多采用让受教育者说说观后感受，或让受教育者写写观后体会等做法；对于家庭教育施教者和受教育者来说，通常的做法就是让双方交换他们对所看情景的有关看法，让他们在交流互动中或产生共鸣，或引发争论，从中帮助受教育者获得提升。如果参与视觉教育法的受教育者不止一个人，而是两三人或者以上，则可以组织开展"观后小沙龙""观后分享会"之类的交流分享活动。通过沙龙活动、分享会促使受教育者认真回忆、深入思考、积极发现，通过沙龙活动、分享会让受教育者得到启迪、收获感悟、萌发创意、改变想法、端正态度、调整方向、更新行动。

参考文献

[1] 陈鹤琴. 家庭教育 [M]. 上海：华东师范大学出版社，2006.

[2] 皮连生. 学与教的心理学 [M]. 上海：华东师范大学出版社，2009.

[3] 刘树谦. 大爱有术：教育成功案例获奖集 [M]. 广州：广东科技出版社，2008.

[4] 邱上真. 特殊教育导论 [M]. 台北：心理出版社，2012.

[5] 刘光前，张春悦. 中外教育名文100篇 [M]. 海口：海南出版社，2007.

[6] 潘鸿生. 正面管教 [M]. 北京：中华工商联出版社，2018.

[7] 安文铸. 现代教育管理学引论 [M]. 北京：北京师范大学出版社，1999.

[8] 约翰·洛克. 教育漫话 [M]. 石家庄：河北人民出版社，1997.

[9] 王东华. 发现母亲 [M]. 北京：人民出版社，2008.

[10] 怀特海. 教育的目的.[M]. 上海：文汇出版社，2012.

[11] 王修文. 给孩子最好的家庭教育 [M]. 杭州：浙江教育出版社，2011.

[12] 李生兰. 学前儿童家庭教育 [M]. 上海：华东师范大学出版社，2006.